AQUARIUS

AQUARIUS

Vision

一些人物，
一些視野，
一些觀點，
與一個全新的遠景！

她的名字叫安地斯·亞馬遜

楊理博

獻給地球，我們的母親

誠摯推薦

楊理博不僅以其低調、開闊的身段融入安地斯山脈、亞馬遜流域的生活中，從而展開有細節、有溫度、有文化厚度的書寫，也從中提煉出極為動人的哲思。文字既有對當地文化和居民的尊重與理解，也帶著對土地自然的深情。因此，這雖是一本以旅行為題的書，但幾乎不見「人的旅行」，反而是南美洲的歷史底蘊，因楊理博的筆，向我們而來。讀來很是深沉、溫暖。

——阿潑（文字工作者）

理博可說是一個奇人，他拋開台大電機系的主流頂尖光環，歷經旅行的漂泊，最後落腳台東布農部落，全心學習布農族與土地連結的生活方式，還善於書寫。

聽到他要將在南美屋脊安地斯山脈與地球之肺亞馬遜雨林中生活八個月的記憶轉化為文

字，我非常期待。因為那將是一個深深扎根台灣山林土地的靈魂，與地球對面山岳文化的珍貴交織；讓我們能透過有著布農之心的台灣人之眼，探究遙遠、神祕而美麗的安地斯山脈，挖掘深藏聖山之上的靈性日常。

——**雪羊**（山岳作家）

這是一本行走的民族誌，理博以參與者的謙卑，見證了文化韌性持續在文明的裂縫中萌發新芽；但其同時也給出一聲警醒：那種聽得見土地的歌聲，將土地視為生命一體的靈性視野，正是當代文明最需的生活哲學。

——**鄭漢文**（東台灣研究會文化藝術基金會董事長）

瑪黛茶和死藤水，馬鈴薯凍乾和木薯酒……楊理博的書寫帶著亞馬遜的溼度與安地斯山的味覺，令人感官全開，一起進入薩滿之夢。

——**鴻鴻**（詩人）

無論是台灣的山或海，亦或南美洲亞馬遜雨林的任何一處，只要用心觀察、慢慢體會，即可找到與自然母親的共同語言，那我們都是家人。

——**郭熊　郭彥仁**（作家）

推薦序——

安地斯之心

◎洪廣冀（台灣大學地理環境資源學系副教授）

費德瑞克．艾德溫．喬奇（Frederic Edwin Church）是一位美國地景畫家。一八五九年，他完成了一幅作品，題為〈安地斯之心〉（The Heart of the Andes）。這幅作品寬約一點五公尺，長近三公尺。喬奇於紐約市展出這幅巨作，引起轟動。市民爭先恐後，排在此作品前，希望一睹喬奇筆下的安地斯山脈。

喬奇對觀眾的建議是，不要靠太近，要適當地保持距離，最好是以看歌劇的小望遠鏡欣賞這幅畫。他希望觀眾既可一覽安地斯山脈的壯闊，又可關注當中的各種細節。最遠方積雪的山頭是欽博拉索山，是一座終年煙霧繚繞的火山。中景至前景則呈現從溫帶林至熱帶林的變換。欽博拉索山的海拔超過六千公尺，但又因地處熱帶，彷彿能將北半球的植物相壓縮於山中。

喬奇也提醒觀眾，這是一片有人活動其間的地景。不過，他認為，與其說人類在此是「征服自然」，〈安地斯之心〉更希望描繪人性與自然的和諧共存。他特別希望觀眾能注意到畫面中央偏左方的小十字架。「注意看啊，」他低語著，「那邊有兩個人，正在誠心祈禱。」

❖

喬奇是十九世紀藝術史赫赫有名的人物。他擅長以細膩的筆觸描繪美洲龐大無垠的地景。地理學者常說：地景（landscape）是一種觀看方式（a way of seeing）。從這個角度，喬奇的地景畫並非單純將眼前所見轉繪至畫布上；他要做的，其實是定義並展示一種觀看自然的方式。

環境史家認為，喬奇的地景畫描繪的正是「荒野」（wilderness）。在西方知識傳統中，荒野常被視為文明的對立面，座落於伊甸園之外，為亞當與夏娃的流放地。從基督教的觀點，荒野更是「不再純真的人類，以血肉之軀與野蠻的自然相搏，方能苟延殘喘之地」。

喬奇賦予了「荒野」全新的意涵。他認為，若全知全能的造物者真的存在，祂會藏身在荒野之中。你得讚嘆這位造物者；但這個讓你感動地跪下的場所，不是某位建築天才設計的華麗教堂，也不是整齊有致的花園。你得把自己拋向荒野；當你被山、水、森林與雲所包圍時，你會感覺一股能量流過身體。你不由自主地跪下來，對著荒野祈禱，而非試圖征服它。

◆◆

讀著理博的《她的名字叫安地斯・亞馬遜》，我想起了喬奇的〈安地斯之心〉。理博出身台大電機系，與伴侶小魚居住在台東延平鄉。以理博的話來說，他們住在一處溪谷中，種菜、讀書與寫字。他們「相信萬物有靈，萬靈同源」；「旅行是生活，土地是信仰」。

二〇二三年，理博與小魚來到太平洋另一端的南美洲，展開一段長達八個月的旅行。他們的腳步踏及玻利維亞、秘魯與厄瓜多。他們沒什麼錢，也沒規劃什麼行程。他們攀上高山，穿過雨林，在湖泊周圍紮營。他們與當地人交朋友，也曾被當成是躲在叢林中的可疑分子。當地人拿槍指著他們，喝令他們從林中出來。然而，在得知他們沒有惡意後，當地人邀請他們至聚落中同住。他們和當地人在田裡挖馬鈴薯、睡在牧草床上、放牧羊駝、到溪裡抓魚。他們也遇到同樣把土地當成信仰的朋友，獲邀參與十天的靈境追尋儀式。理博與小魚曾有衝突，但最終在淚光中和解。

當地人也教導理博與小魚什麼是山，什麼是自然，以及什麼才是人與自然的關係。

置身在龐大的安地斯山脈中，他們不時想起太平洋另一邊的小島——台灣。這個島同樣位在熱帶，同樣有很多山，山也相當高，不少山頭在冬天亦白雪皚皚。如同安地斯山脈，這座島嶼上同樣可見熱帶林至寒帶林的轉變。這個島嶼的地景也相當「野」；千百年來，各種人群在這個島嶼上生根落腳、流轉遷徙。台灣之「野」，就如喬奇筆下的安地斯山脈，是人群與山、與森林、與整片大地互動的結果。

❖

理博與小魚行經的地景，就是喬奇試圖在〈安地斯之心〉中描繪的地景。在博物學史上，這個地景還有另一層意義。

喬奇之所以完成〈安地斯之心〉，是為了向一位博物學者致敬。喬奇走訪了這位博物學者曾經踏查的地點，體會他筆下所描繪的動植物與風土民情，並以高超畫技將這些資訊拼貼在畫布上。除了帶給觀眾視覺震撼外，他也希望彰顯這位博物學者的遺產。

這位博物學者叫做亞歷山大．馮．洪堡（Alexander von Humboldt）。

洪堡是普魯士人，家境優渥。他的原生家庭原本期待他能擔任公職，但洪堡迷上了博物學。一七九九年至一八〇四年間，他與法國植物學者艾梅．龐布朗（Aimé Bonpland）遠渡重洋，踏查今日的委內瑞拉、哥倫比亞、厄瓜多、秘魯與部分的亞馬遜流域，當時皆屬西班牙帝國的殖民地。

來自溫帶歐洲的洪堡，在逐步適應動輒攝氏五十度的高溫、突如其來的暴雨，以及黑雲般密集的蚊蟲後，發現言語難以形容眼前的自然。以森林為例，他所熟悉的歐洲溫帶林以橡樹與山毛櫸為主，針葉樹則是松樹。然而，當他沿奧里諾科河上溯時，眼前出現的，是一團又一團緊密纏繞的綠色之網。森林不再只是樹木的集合：每棵樹上布滿藤蔓與苔蘚，每一棵樹都自成一個生態系。

洪堡驚嘆：這是一張「生命之網」！即便先前的博物學者，如偉大的林奈，多少都提出自然是彼此相連的看法。然而，洪堡發現，在這片熱帶雨林中，「相連」不是理論上或隱喻上的；「生命之網」是身體可以感知的存在，是你得與之搏鬥，方能撼動分毫的存在。

洪堡也把目光轉向聳立雲霄的安地斯山脈。這條南北走向、全長約七千公里的山脈，從北緯十度延伸至南緯五十六度，是世界上最長的山脈。

目前所知安地斯最高峰為阿空加瓜山（Aconcagua），海拔近七千公尺（6,961 公尺）；但在洪堡的時代，人們普遍認為最高的是欽博拉索山（Chimborazo，位於今厄瓜多，海拔 6,263 公尺），甚至視其為世界之巔。

一八〇二年六月，洪堡與龐布朗背著沉重的測量儀器，攀登欽博拉索山。隨著海拔上升，身旁的植物相不斷轉變，從熱帶漸入溫帶，接著進入寒帶，最後抵達冰雪覆蓋、僅有地衣頑強生存的高地。他們出現高山症，視線模糊；但在那迷濛中，他們驚覺欽博拉索山頂竟似歐洲的高緯山區。

沐浴在安地斯山脈的美景中，洪堡以一個新詞表達心中的激動：自然畫卷（Naturgemälde）。該詞由兩個單字組成：Natur，即自然；Gemälde 為畫作或圖像，源自「malen」（繪畫）。

在安地斯山脈與亞馬遜的探險經驗，讓洪堡得以挑戰當時博物學的主流：機械論。機械論的精髓在於，自然是個巧妙的機械，你要了解它，你得把它拆解，分析其構成；當這個機械的藍圖呼之欲出，你就會誠心誠意地感謝把這台機械打造出來的「造物者」。洪堡原本就懷疑此博物學傳統，但當他親身經驗安地斯山脈與亞馬遜的自然後，他知道該是告別機械論的時候了。

洪堡以餘生闡釋安地斯山脈與亞馬遜的教誨。山是一個整體，自然也是。整體的物得以整體來理解，你若把它切割開來，得到的是殘缺不全的知識；你無法體會在自然中流動的能量，以及這股能量如何塑造了自然整體的性質。科學史家稱這樣的視野為「洪堡式科學」，且此視野也綿延至今，找到其當代的傳人：生態學。

洪堡相當長壽。一八五九年，他已經八十九歲，是當時最重要也最著名的博物學者。他的地位堪比二十世紀上半葉的愛因斯坦，或二十一世紀的史蒂芬・霍金。喬奇的〈安地斯之心〉本來要獻給他，只是，喬奇完成此作的數月後，洪堡便因病離世。

◆◆

《她的名字叫安地斯．亞馬遜》如同理博的「自然畫卷」。不過，不同於洪堡繼承並發揚光大的浪漫主義傳統，也不若喬奇的荒野，理博觀看與經驗這片地景的方式，多是來自台東延平鄉布農族人的啟發。

理博有段回憶非常動人。他說，這幾年來跟著布農族人上山，發現老一輩族人的「行事準則」很不一樣。有回，他到一位布農長輩家作客。他問，有沒有想過到舊部落走走？老人家沉吟半晌，避而不答。隨後，在微醺之際，老人家說：「**我在等一個好夢。**」

理博發現，布農族的夢也不完全是華語「夢」的意思。就布農族而言，夢還「包含觀察周遭事物的發生時心裡產生的感受，或許可稱之為『靈覺』」。理博說，族人「對萬物間科學尚不可知的力量之交互作用非常敏感，或許是透過夢，或許是透過第六感」。布農族老人家所說的「我在等一個好夢」，再加上於安地斯山脈的靈境追尋，理博終於想起，他也曾經有個夢，「如此清晰且反覆出現」，最終引領他踏上前往安地斯與亞馬遜的旅程。

若以布農族老人家的觀點，這個夢引領著理博「回家」。這個家不是像「台灣」這樣帶有政治意義的家，也不是「家庭」略有生物學或社會學意義的家。安地斯與亞馬遜是個靈性的家；是個讓你開了心眼，知道如何作夢，從而以新的觀點建立與萬物之連結的家。

這裡也該介紹理博的布農導師們。去年，音樂家巴奈完成《巴奈回家》，紀錄她與那布在二二八公園共二六四四天的抗爭歷程。巴奈與那布想回去的家，在中央山脈的心臟地帶，叫做內本鹿。一九三〇年代時，當台灣處於日治時期，那布與今日台東延平鄉許多布農族人的祖先們，均生活在內本鹿。然而，當殖民政府開始想用「科學」的視角經營森林，強調山林保育、治山防洪與集水區經營，這群族人被視為眼中釘。在政府軟硬兼施的政策下，內本鹿的族人被搬移至淺山地帶，學習如何種水田，以及當個政府眼中的「順民」。族人不是沒有抵抗，不是沒有試著回歸故居；但在政府的鎮壓下，族人也只得離開祖先的地，在瘧疾等惡疫的環伺下，在人生地不熟的地方，重新打造家園。一九七〇年代，內本鹿族人的舊聚落與傳統領域，又被政府選作造林地。一大片整齊有致的人工林，逐漸抹去族人曾經的生活痕跡。

《巴奈回家》的主軸之一，在於講述族人重回內本鹿的故事。族人訂二〇〇二年為內本鹿元年；過去二十餘年來，族人年復一年地回到祖先曾經縱橫過的土地上，確認自己與祖先、與山林以及與土地的關係。內本鹿回家行動感動了許多人；他們跟著族人走入山林，試著從布農族的視角理解台灣的歷史，探問家園究竟在何處。二〇二三年，內本鹿人文工作室出版了《山上的布農學校》，收錄了數篇短文，記錄這段儼然已成為某種社會與環境運動的過程。隔年，《山上的布農學校》獲頒金鼎獎。

理博是《山上的布農學校》的作者之一。離家至台東一處溪谷中生活的他，結識了一群布農人，二十多年來，族人鍥而不捨地想要回祖先的家。從族人身上，理博學到了很多，重新發現了一個曾經的夢。這個曾經的夢把他帶到了安地斯山脈與亞馬遜。

然後，如喬奇畫作呈現的，他低下頭來，但對的不是十字架，而是**Pachamama***，是安地斯當地人所說的「慈母」，為土地的不同化身。理博寫道：「我活在她之中，她也在我之中。只要我靜下心，回到當下，就能感受到她的存在，時時刻刻陪伴在我左右。」

如同布農族人所經驗的台灣山林，「這個世界是一個活生生的生命，有血有淚，有情有靈。祂聽得見，也會以自己的方式對我們說話。」

理博回憶，那是某天清晨，有道光線「從遠方巍峨的大山射出，倒映在平靜清澈的湖面上」。他聽到**Pachamama** 正向他低語：「你聽見我了嗎？歡迎回家，孩子。」

*在南美，指「大地媽媽」之意。

目錄

目錄

［亞馬遜 Amazon］

綠水

［安地斯 Andes］

靈山

目錄

她的名字叫安地斯．亞馬遜

序章・記憶

一座大山靜靜地坐在我跟前，身上披著稀疏青黃的矮草，裸露出粉紫色的土石肉身。他的坐姿莊嚴巍峨，面容卻慈祥和藹。我不確定自己到底是坐著還是在無重力的狀態中飄浮著，也或許我的身體並不存在。四下的空氣冰寒而安靜，我們默默地陪伴著彼此，等著誰先打破沉默。我扭擺身軀想向那山靠近，那山似要開口，一陣風迎面吹來，草絮紛飛。

我醒了。

原來是夢。已經不是第一次做這個夢了，身體的每一個細胞好像都還記得那個高寒之地，稀薄的空氣讓心臟狂跳，裹著厚棉被的我已汗溼一身。

「你要不要代替我去上瑜伽課？」

那時剛從一趟長途旅行歸來，窩居家中。爸媽一方面慶幸我回國了，一方面時不時地透露出對於我就業與未來的焦慮；我倒是好整以暇，延續著旅行時的生活步調，每天早上悠悠哉哉地做個瑜伽才下樓吃早餐。姊看了之後就這麼對我提議——她在附近瑜伽教室的學員證快過期了，但最近又沒空去上課。不過其實我並不愛團體瑜伽課。在印度學過一招半式之後我都玩自己的，也不追求動作精準或肌力進步，對我來說，瑜伽比較像是回歸本我的儀式，在一大群人之中我很容易迷失。

但不知為何地，我還是去上了瑜伽課，心想有時候跨出自己的習慣也不錯。

瑜伽教室就像一般印象中的舞蹈教室一樣，三面是大片的全身鏡，一面則是對外的玻璃窗，明媚的陽光灑入因鏡子而顯得寬敞的密閉空間。已經許多人等著了，每個人都或坐或立地在自己的瑜伽墊上，只剩下老師正前方還有一個空位。當下我也沒得選，便把自己的墊子鋪在老師面前。

課程很快就開始進行，老師一面做著動作，一面用口語引導我們。我其實喜歡閉上眼，試著單從語言的引導去做動作，但發現自己很快就迷失了，最後還是決定看著老師。倒是我發現老師是閉著眼的，雖然講著引導詞時語氣平穩，但實際上猛打呵欠，表情微微扭曲，兩行淚痕刻在臉上，就這樣進行了一個多小時的瑜伽課。在最後一個動作中他默默擦掉眼淚，回復臉上的平靜，迎接從「大休息式」甦醒的我們。

課程結束後，我拿學員證到櫃檯蓋章，剛好是老師在櫃檯，客氣地問我是誰，好像第一次看到。我解釋了一下，然後我們眼神交會，一段真空般的靜默，我隨口問：「老師剛剛怎麼好像在哭？」

「我們在做瑜伽時會看見一些光跟景象，」老師眼睛直直地看著我，焦卻好像不在我身上，彷彿又看到了什麼，「剛剛我們在一座高山上，有一個喇嘛在場。」

我對這些事挺能接受的。雖然我不是敏感體質，甚至還很理工腦袋，但我總認為保持開放的心才是看待這個世界最科學的態度。

「你就是那個喇嘛。」老師突然又說，雙眼依然鎖在我的眼珠子裡。我對這句話倒是頗意外，一時間不知如何應答。

「不過，現在重要的是多練瑜伽。」老師原本出神的雙眼又轉為世故的笑容，將學員證交還給我。

可能是希望我多來上課吧，我心想。

我開始有意無意地留意關於西藏、青藏高原、喜馬拉雅山的資訊，去書店或圖書館的時候，書架上的相關書籍總會吸引我的目光；偶爾有朋友想約看電影，我也會挑這些地方的片子。螢幕上那大山的容顏，跟夢境中有幾分相似，好像帶我去到一個熟悉的異鄉。

「你知道這部電影其實是在南美洲拍的嗎？」某次，就在我跟朋友看了《火線大逃亡》（*Seven Years in Tibet*）後，朋友一邊滑著手機，一邊跟我分享。朋友是那種喜歡查看影評分析，抽絲剝繭、追根究柢的人，尤其是這種根據部分事實翻拍的電影，對他來說就像捕風捉影的偵探小說。

「他們要拍這部片的時候中國政府不同意，只好跑到南美洲的安地斯山，聽說那邊的景色跟西藏很像，連人都長得有點像。」

「你說南美洲哪裡？」

「安地斯山。」

這個名字在我心中激起了一陣漣漪。對啊！我下意識地認為那反覆出現的夢境、瑜伽老師靈視的場景是喜馬拉雅山，但有沒有可能其實是安地斯山？這個地球上最長的山脈像一堵長城般，鎮守著南美大陸的西緣，而山脈的中段中央，包藏了一座寬廣的高原，被稱為「南美洲的西藏」。這兩個地方同為這顆星球上最高海拔的人類居所，就是那種高寒之地的身體記憶，牽引著我的夢境。

安地斯這名字會如此吸引我，或許還有一個原因。在經歷過西班牙人的殖民後，整個安地斯山橫跨的七個國家都通行西班牙語，巧合的是，我在旅行的過程中，西班牙語不知為何地擄獲了我的耳朵。我覺得這個接近古老拉丁文的語言好聽極了，像是會從阿公阿嬤嘴裡流瀉而出的古調。後來我學會了一些基礎西語，每當能夠講西語與人溝通時，我感覺像按下了內在的一個切換鈕，轉換成另一個靈魂跟世界互動。

從此之後，安地斯就被我放在心上，我想像有朝一日能踏上那座山脈，認識那片土地與那裡的人。但南美洲好遠啊，事實上，如果從台灣穿過地心到達地球的另一端，就剛好是南美大陸的正中央。而我習慣的旅行步調，是花更長的時間在一個地方好好生活，如果去一趟南美，至少也要待個半年吧。這樣的機緣一直沒有出現，安地斯的名字也就一直沉寂在心底。

多年之後，我不再是那個到處旅行的年輕遊子。旅行時的養分落在了台灣山林的沃土，長出了不同的生命姿態。深藏在這座島嶼中心的廣袤山林成了我的靈魂歸鄉，然而我無志成為一個登山家；我不想將山林作為鏡頭底下的風景，或如數家珍的戰功，或走過不留痕跡的旅行地，不，都不是。

我想追尋的是山中人跡。這片看似荒野的廣大山林，曾經有一群人以之為家，寫下了動人的族群生命故事，在與土地互動的過程中，累積了豐厚的山林文化。無數次我背起沉重的行囊，與耆老們踏上重回山中舊部落之路，聆聽他們的故事，遙想百年前，在雲霧之上，布農族人是如何以懸崖幽谷為家、高山稜線為道，在這片島嶼建立起山居文明。

我最終也選擇依山而居，落腳在東台灣的一處布農族部落，向當地族人學習山林生活之道。在一座群山環抱的小溪谷中，每日的生活圍繞著劈柴燒飯、耕耘種植、入溪抓魚、上山採集……如此貼近山水田園的日常讓我的心踏實落定，我感覺自己的雙腳像小樹苗一般，慢慢長出了根系，牢牢地抓住這片土地。

後來我結婚了。雖然不是計畫中的事，但我的人生一向也沒什麼計畫。我跟小魚都是性喜低調之人，邀請雙方的家人與閨密，圍在一張草地上的大長桌邊，好好地吃頓飯、說說話，就算完成了終身大事。那晚我跟小魚擠在一張小小的硬板床上，聊著對未來的想像。生活就這麼回到日常，日復一日地繼續下去嗎？我隱隱感受到生命需要一種儀式性的轉化，去進入一個新的階段。

小魚說她一直嚮往著長途旅行，卻始終沒有踏出步伐，聽著她的想望，那些曾經在世界角落遊蕩的荒唐歲月又鮮明了起來。我在心中算了一下，距離那堂瑜伽課，剛剛好十年。「安地斯」再度如巍峨的山脈在心中隆起。

我想，是時候到那個夢境裡的大山去看一看了。

這裡，被稱為「南美洲的西藏」。

這個地球上最長的山脈像一堵長城般，鎮守著南美大陸的西緣，而山脈的中段，包藏了一座寬廣的高原。

就是那種高寒之地的身體記憶，牽引著我的夢境。

我以為我喜歡被邀請進當地人的家裡、跟他們一起吃飯，好像這樣才是融入當地，**但真正將人連結在一起的，是一起工作。**

高原冰寒而明亮，地球在這裡脫下了所有外衣，赤裸裸的黃土攤在藍天下。

這個世界是一個活生生的生命，他有血有淚、有情有靈。他聽得見，也以他的方式在對我說話。

人們向大地獻祭，大地也供給人們食物，給出去的一切終將回到自身。

好像人類社會的原型中，都有一套互助系統，去支持生而為人在物質面及情感面的需求。

我走了大半個地球，卻也像在時間軸上往回探尋，一窺台灣過去的樣貌。

他們的生命，根植於這片土地。

這裡有他們的馬鈴薯田、他們的羊駝、他們的草場、他們的聖山，所有身體與心靈所仰賴的一切，都在這片土地上，無法連根拔起帶走。

山是這片大地賜給人們的原初廟堂，讓人類

飄泊的心靈可以有一個停靠的島嶼。

在靈境追尋中，

我接收到的一切都與現實相連。

或許我透過夢境去接收訊息的能力已經鈍了，但他並沒有放棄我，仍然透過發生在我周遭的現實來給我提示。只要我用心覺察，就可以找到。

如果說安地斯有著古老悠遠的靈魂，亞馬遜就像混沌靈動的生命。當我想一探安地斯的夢境之山，也無法忽略亞馬遜這片地球上最雄偉的熱帶森林對我的呼喚。

這些共勞共食的生活經驗，讓我們能夠很輕鬆地化解語言與族群的隔閡，與萍水相逢的當地人產生家人一般的連結。

我感覺自己的雙腳慢慢長出了根系，
牢牢抓住這片土地。

這段旅程像是一集一集，每集在一個地方，
跟一戶人家，有一段獨立發展的故事。
一切都有脈絡相連，有個名為生命的編劇好
手正在操刀，我們沒看過劇本就被迫演出，
但也甘之如飴。

紅土

［安地斯 Andes］

市集

漆黑的夜裡，筆直的馬路上幾盞稀疏昏黃的燈，像相隔遙遠的星球指引著我們。如果不是冰寒的風提醒，我一點都感覺不出來這裡已是海拔近三千米的安地斯山上城市。路上偶有一些酒吧，裡頭塞滿了徹夜狂歡的人們，乘著酒意上街咆哮；暗巷的角落裡則有人裹著厚厚的毛毯躺睡在地。

我們轉了個彎離開大馬路，街角停了一輛小巴，周圍人影幢幢。我跟車掌對上眼，是個年輕小夥子，馬上熟練地把我們的背包丟上車頂的貨架，跟早已滿載的一包包麻布袋綑好的貨物綁在一起，然後打開車廂讓我們進去。引擎一聲低吼，車子迅速駛入黑暗之中，把城市拋在腦後。

車裡很安靜，所有乘客好像都還在夢中，偶爾才有一點輕聲交談的聲音，剛剛街頭的喧囂與冷風這會都被隔在窗外。旁座的奶奶像是自言自語地呢喃，但總是臉對著我，我花了點時間才終於聽懂，她是在問我：「你們是要去賣什麼的？」

/

趕集在安地斯山上的社會可是大事。綿長的安地斯山上雖然有一些大城市，但大部分的人仍是生活在靠著莊稼與牲畜維生的鄉村。這些地方的居民對於民生用品、互通有無的需求，千百年來都是仰賴一週一次的小鎮市集。許多跑單幫的行商會從各處批貨來賣，周邊的鄉民也會帶著自家的農產品來交易或補給。

車子在天微亮時駛離了土石顛簸的公路，進入紅瓦土屋錯落比鄰的街道，揚起漫天塵埃，最後停在一長排的廂車車陣最末——原來我們剛好趕上了末班車。

許多人力推車早在外頭等待，幫忙把貨物運送到市集上。我們跟著趕集的男男女女穿越古樸的街道，來到小鎮另一端的市集區，人群尚如早晨的空氣般冷清，攤商們才正開始擺設，但看得出來，整個市集的範圍不小，延伸好幾條街。而早有一些早起的老人，身掛黑色斗篷，頭戴遮耳毛帽，短褲配涼鞋的，在攤商之間穿梭，詢價探貨。

肚子咕嚕嚕叫。我們因為搭長途車，身上還有些以備不時之需的便當與乾糧，但在高海拔山區的清晨，全都乾硬得像冰塊，讓人難以下嚥。我們決定找些東西配著吃，便往熟食區走去。只見熟食區是一圈圈的圓構成，每個圈的圓心是一位圍了肚兜的女人，女人身邊則是一鍋鍋的食物，再外層則是飢腸轆轆、席地而坐的善男信女。盛裝食物的大鍋用好幾層布包裹起來，否則在這天寒地凍的山區，一下子就會失溫。每當女主人打開布包、掀起鍋蓋的瞬間，一股溼熱的香氣伴隨著白煙洩漏天機，總會吸引周遭人們飢餓的眼光，想一探這溫暖的奧祕。

我發現了一個圈，圈裡每個人都捧著一只葫蘆碗，碗裡冒著熱騰騰的蒸氣。那蒸氣像魔咒般吸引我的目光。

「來，嚐一口看看。」年輕的太太看我像上了鉤的魚，以迅雷不及掩耳的速度打開身前的大鍋，也舀了一點給我。

我啜飲一口，溫熱、甜稠的漿汁立刻撫慰了身心靈。

「哇，很好喝呢。這是什麼？」我一邊問，一邊也拿給小魚嚐嚐。

「Algarrobo！」太太看我們喜歡，很高興地拿出一條長長瘦瘦的青綠豆莢給我看，又幫我們盛了一碗。我跟小魚就這樣捧著熱騰騰的豆子甜湯加入圈子，一口熱湯、一口冷便當。

Algarrobo 指的是原生於地中海地區的長角豆，是一種能長成大樹，種子含有高糖、可製成糖漿的豆科喬木。然而網路上長角豆的圖片卻跟太太拿給我的豆莢不大相同，我進一步查閱資料，果不其然，太太拿給我的其實是另一種同樣可以製成糖漿，但原生於南美洲的豆科植物。它原本的名字叫做「thaqu」，後來也被稱為「algarrobo」其實是西班牙人到了新大陸後張冠李戴的結果。

胃飽體暖之後，我們開始在市街上探索。我非常喜歡逛市場，作為認識一個地方風土的起點，擁擠的攤商人潮濃縮了各種庶民生活的風景：一對年輕夫婦，擺了個小木桌賣驢子油，據說有消炎滋潤的功能，對關節痛特別有效。而另一邊的大叔，在地上擺了各種大小粗細的木棒，許多婦人停下來詢問，原來賣的是織布機。還有更多的人，手上拿著一盒肥皂、一串鎖匙就開始沿街叫賣；媽媽牽著孩子，提著水桶或提籃，裡頭裝著不知名的食物，尋覓下一個待祭的五臟廟。而在市集的最末端是一排店鋪，有：磨坊，農人會帶來收成的穀物研磨成穀粉；打鐵鋪，能修理、客製各種農具；簡易客棧，提供長途行商的旅人投宿；理髮店，牆上貼滿了各種西洋男士的髮型照。

「這裡竟然有博物館欸！」我突然看到理髮店的隔壁，一塊不起眼的牌子上寫了「museo」的字樣，興奮地對小魚喊。

說是博物館，其實只是一間小小的土屋子，延伸到屋後的中庭。兩個穿著傳統服飾盛裝打扮的婦人，在屋內擺上傳統服飾的老件，中庭則擺上了兩台織布機，為人解說當地的織布與歌舞祭儀文化，更重要的，是賣些自己織的布、做的手工藝品。

我一邊聽著婦人解說，也對她們產生了好奇。解說的婦人顯然是媽媽，在她旁邊較為木訥的是女兒，小孫子則躲在屋內一角。原來婦人跟她的先生早年也在城裡打拚，但他們最終還是喜歡平靜的鄉村生活，所以又搬回來，住在離小鎮徒步約一小時的村子裡。全家人每個週末都會來市集，媽媽跟姊姊擺起博物館，而弟弟則在一旁做理髮生意。媽媽說，由於這個小鎮離大城不遠，所以疫情前，確實常有國內外的觀光客造訪。

「我們有機會去你的村子看看嗎？」我問。一方面覺得跟媽媽聊起來對頻，另一方面，我們一直想更貼近當地人的真實生活。

「當然好啊，你可以打電話給我先生，如果他同意，你們可以來我們家住。」媽媽一邊說，一邊給我們爸爸的號碼。我們當天就撥了電話，敲定拜訪的時間。

/

離開「博物館」時心很輕盈，或許是因為與當地的連結產生一種落地感。走在街上又遇到提著水桶的太太，這次我終於忍不住好奇心問她賣些什麼，她輕聲地回是「cuajada」。

「Cuajada」字面上的意思是「凝結」，其實是乳酪在初製過程中未完全脫水的凝乳，我們點了一份嚐嚐看。

只見婦人將兩個水桶放到地上，其中一桶裝的正是白花花的凝乳。接著她從布袋中拿出一只碗，與一包水煮的玉米粒，先倒了一些在碗中，然後用湯杓舀了滿滿的cuajada，最後再撒上一點鹽巴。

我跟小魚就這樣坐在路邊吃。婦人也不催不趕，剛好孩子也走累了，就帶著孩子一起坐在路邊，等我們吃完。Cuajada 吃起來水嫩水嫩，根本是鹹味豆花，但又多了牛奶獨有的醇厚與甘甜，配上嚼勁十足的玉米粒，味覺在口中延展轉化。

我們吃完後把碗交還給婦人，婦人打開另一個桶子，原來裡面裝的是清洗用的水。涮過碗後，婦人又拿出布包中的玉米粒，如法炮製地添了另一碗。我還在觀望四下是誰點了餐，婦人卻直直把碗拿給坐在身旁的孩子。孩子一會兒就把整碗凝乳灌下肚，嘴角留著白印，笑得像朵花。

農村

來到村子的第一天，媽媽就問我們要不要一起去「minca」。

媽媽這會兒脫去了在博物館時的傳統盛裝，穿著及膝的圓蓬裙，手織的長袖毛線衣外還裹著披肩，黑髮在腦後梳成一支長長的麻花捲，頂著一只圓頂帽，腳踩黑色橡皮涼鞋，標準的安地斯山地鄉村婦女裝扮。她有一張圓圓的嬰兒臉，總是閃著一對圓滾滾的笑眼跟我們說話，娃娃音聽起來像輕快的鳥語。

「Minca 是什麼？」小魚在我身後偷偷地問。我直覺這不是一個字典查得到的西文單字，又把問題拋回給媽媽。

「很多人……田裡……工作……食物……習俗……」我在媽媽一連串的流水快語中，努力抓住幾個聽得懂的單字，聽到「食物」，身體已經不自覺地點起頭來。

我們跟在媽媽身後，媽媽出發前順手拿了紡錘以及一把小鐮刀，一路上邊走邊拋紡著毛線，走起來卻像兔子一樣輕巧飛快，不時回過頭對著我們笑，要我們趕緊跟上。我們從家旁的草坡走下一條小溪，穿過溪旁的一小片樹林，踩著石頭過水，再爬上另一邊的紅土岸。天地山巒瞬間在眼前打開。

安地斯山從海平面一路快速地往天際爬升，穿越雲霧森林覆蓋的千山萬壑，來到此處，山勢已變得圓潤而柔和，植被也變得稀疏，看起來就像巨人的大肚腩。然而卻有好幾條小溪，在和緩的地表上切出小狹溝，露出底層的紅土，居民拿來混草稈、做土磚，蓋成一棟棟的小土屋，零星散落在大地上。

我的手機顯示當前的海拔高度為3100M，在台灣，這已經是百岳等級的高度了。最誠實的大概是我的肺，剛剛走這短短的一段路，我已經像跑了十圈操場那樣喘。但這卻是安地斯民族普遍居住的海拔高度，他們顯然是離天很近的一群人。

遠方出現大片的田園，幾棟小土屋就在田中央。媽媽把小鐮刀交給我，示意我往田的一邊走去，然後就帶著小魚進屋裡。

原來男人們都在田裡收成作物。他們排成整齊的長列，每個人的標準配備是一把鐮刀、一把鋤頭跟一只編織袋。雖然田裡看起來光禿禿的，什麼都沒有，但他們卻可以很精準地找到每一株乾枯的馬鈴薯植株，用鋤頭把底下的土挖開，然後雙手伸進土裡掏薯，再裝成一袋一袋扛上肩。另一邊的田區則種了小麥、大麥跟藜麥，麥稈上的穗粒在逆光的方向上，微微閃耀著一種低調而自信的金輝與焰彩。男人們割下麥子後直接堆在田裡，原地日晒。

男人們的工作有種整齊的韻律。雖然大家各做各的，但總會在某個時間點，所有人紛紛放下工具，然後各自找個舒服的地方，攤開編織袋鋪在地上，或躺或坐地休息聊天。然後又在沒有任何人發出任何指令之下，不約而同地拿起鋤頭，如此交替著工作與休息的節奏。男人們像工蜂一樣，不斷在大地與巢穴之間來來回回，家裡就這樣堆起了一座座的馬鈴薯小山。

而家裡的女人也沒閒著。她們全都跟媽媽一樣，穿著美麗的圓蓬裙與披肩，卻一點也不怕髒地直接坐在中庭的土地上，聚成了一個一個的圈，手上一邊工作，嘴裡一邊聊天，有的還背著裹在襁褓裡的孩子。

中庭正中央有一只土窯，裡頭柴火燒得正旺，女人們將石磨的小麥麵團揉成圓餅狀，擺在鮮豔的花布上，排隊入窯。另一群女人則圍著男人帶回來的馬鈴薯山，依照大小、顏色分類裝袋；另外有些女人在宰羊分肉、削皮切菜、生火炊煮……

伴隨著談笑聲與各種工作的進行，天色慢慢地轉紅黯淡，高海拔的空氣在沒有陽光後迅速結凍。當男人們一個個從田裡回來，一起坐在火邊休息，我跟小魚也混在人群之中。不久，掌廚的女人們開始上菜，盛好的一盤盤食物親自送到每個人手上。而且他們還有前菜、主菜的概念，會貼心地等你吃完再端出下一道。第一道是窯烤麵包——上頭還沾著少許炭灰——配烤羊肉，接下來是小麥濃湯、馬鈴薯燉菜，當我們已經飽到吃不下時，竟然還送上一碗玉米肉桂檸檬甜湯。我和小魚努力不浪費任何一點盤中飧，才發現旁邊經驗老到的大媽們，布包裡都悄悄外帶了一開始的麵包及羊肉。

後來媽媽跟我們解釋，那天的 minca 其實是一個雙親剛過世的人家，孩子悲傷之餘，對於田裡的收成工作也相當苦惱，所以村子裡特別發起了這次的共農。像這樣大家一起工作，可能是田間農務，也可能是建築工事，而主人家為來幫忙的人準備豐盛的餐食，大家一起吃飯，就是所謂的 minca。Minca 作為一種社會活動，其背後則是稱為「ayni」的概念。Ayni 很難直接翻譯為中文，或許有點像閩南語常說的「大家互相」。但安地斯民族所說的 ayni 不僅僅適用於人與人之間，指的更是一種宇宙運行的普遍法則，存在乎萬物。所以人們向大地獻祭，大地也供給人們食物，這些背後都是 ayni 的概念，給出去的一切終將回到自身。

我一邊聽媽媽的解釋，一邊也想到，台灣過去的農村、原住民部落也都有類似的「換工」制度，只是在安地斯山上，這樣的傳統依然活在日常。好像人類社會的原型中，都有一套互助系統，去支持生而為人在物質面及情感面的需求。我走了大半個地球，卻也像在時間軸上往回探尋，一窺台灣過去的樣貌。

而現在回想起來，那天的 minca 是我們真正走入安地斯鄉間的第一天，就如此陰錯陽差地與鄉民們一起下田工作。當時我們不知道的是，如此與當地人一起在土地上勞作、生活將會成為我們整趟旅程的基調。好像我們每到一個地方，就會被吸納進當地的人地互動關係、人與人之間質樸的情感連結。一切冥冥中有所安排。

織布

說起來，織布大概是安地斯山地最重要、也最被重視的文化之一。早在西班牙人來到這片土地之時，便發現此地的織布技術相當卓越，以單位面積的織數來說，是當時全世界最精細的。古印加帝國的社會中有專門織布的匠師，以開發各種織紋、生產高品質的布料為職志，這些布只有王公貴族可以穿戴。時至今日，雖然封建體制已不在，織布文化仍然活絡在鄉間。媽媽正是那個傳承至今的浪頭。

家裡的院子擺了一台織布機，兩根粗重、刻了階梯式凹槽的木棍斜倚在牆邊，橫木架在上頭，綳起了平整的經線。在綿長的安地斯山脈，各地流行的織布機形式都不大相同，除了這種立織機，還有地樁式水平織機及腰帶式水平織機。但不管形式為何，都是透過可調動的木框將經線整齊劃一地舒展開來，讓梭子可以帶著緯線在其間穿梭，絲絲交纏成緊實的布。

媽媽平時總是掛著笑臉，坐在織布機前卻難得露出一點嚴肅的神情。她坐在鋪著羊皮墊子的小凳子上，沉潛在織紋海裡，偶爾浮出水面跟我說一兩句話，呼喚我早已迷失在經緯之間魔幻舞步的靈魂。

突然，媽媽站起身來，走到院子另一邊的爐灶旁，添了些柴火，然後又坐回織機前。灶上的土鍋裡正煮著玉米粒。家裡最近剛買瓦斯爐，是村子裡的少數，但因為瓦斯很貴，所以媽媽只有煮晚餐時會用，中午就在外頭以柴火炊飯。尤其是像當地習慣食用的這種以乾穀形式儲存的玉米粒，需要燉煮良久才會軟化，所以一定會用柴火搭配土鍋。每戶人家都會有一只燒得黑壓壓的圓胖土鍋。

家裡的馬鈴薯提早採收完了，媽媽的時間都消磨在織布機跟爐火前。爸爸跟弟弟都到城裡去了，爸爸是村裡的知識分子，常受邀討論鄉村地區的垃圾問題、產業發展；弟弟則像大多數熱愛音樂的青少年，渴望在舞台上發光發熱，最近總是早早就帶著一把吉他出門團練。家裡常常只有媽媽跟姊姊，帶著小孫子。我們的到來似乎讓媽媽多了兩張嘴可以說話。

「我們從小就開始玩毛線球，最一開始學織帶，學會之後才織布。」媽媽跟我解釋。她說的那種織帶我在老照片裡看過，女人坐在地上將腿伸直，織帶一端綁在腳拇趾上，另一端在手中慢慢往後織。織帶用來纏在腰上，有繫緊、保暖，甚至驅邪的功效。

「織布會從最簡單的條紋布開始，熟悉之後才學各種不同的織紋，久了就會自己想一些變化。」媽媽接著說，「不過不是每個女人都會學到最後，像我女兒也只會基本的。」

媽媽拿了另一組織布機出來，整了經線上架，要我從最基本的條紋布開始織。這種平織的條紋布從一開始的整經就決定了最終配色，梭子只需要單純地來回。對初學者來說，重要的是讓身體的肌肉熟悉織布機的各部件、如何利用羊駝骨刀將緯線打實，或刷開沾黏的毛線。一旦身體記住了，頭腦才有餘裕變化織紋。

織紋除了是族群的印記，也是個人的創造。媽媽坐在織布機前，很多時候她會在自己的筆記本上畫方格、做記號，對著織布機細數，將相應的經線一條一條挑起，腦中的畫面漸漸顯影在布上。

我想起第一天到爸爸媽媽家時，從遠遠的小山丘上就看見在大片田野中，一幢戴著紅瓦頂的小白屋，外觀樸實，與周遭的紅土大地融為一體。然而當媽媽領我們進入屋內，桌上、椅上、床上鋪著的各個色彩斑駁、織紋精巧的布，立刻帶領我進入另一個溫暖而綺麗的空間，不論外頭寒暑，裡頭永遠百花盛開，春意盎然。我後來發現安地斯山上的家庭裡，都一定會鋪上幾條這樣的織紋布；織紋是媽媽心智的創造，也進一步定義了家的空間。

/

天氣冷得很快，媽媽早早收工，說要帶我們到田裡去採晚餐的豌豆。出門前，她小心翼翼地收好毛線球，還拿了條毯子罩在織到一半的布上，好像怕它會著涼。

晚餐吃的是熬了一整天的玉米粒，配上豌豆馬鈴薯濃湯，再撒上一點香氣四溢的奧勒岡，標準的安地斯餐。我們坐在餐桌上，媽媽拿出筆記本，一邊吃一邊問，想跟我們學中文跟英文。她把整個織布的過程鉅細靡遺、手腳並用地告訴我，請我翻譯，然後再用她的西語式拼音小心翼翼抄下。

原來絲線在上到織布機前可不簡單。綿羊或羊駝毛剃下之後，得先紡成線，經過清洗、染色、晒乾之後，還得再重新紡實一次，否則織的過程容易斷裂。當地用的紡錘是一根細棍結合一個陀螺配重，使用時輕輕拋轉就能神奇地在一坨毛團中抽出一條線來。安地斯山上的每個婦女——甚至男人——都深諳此項技藝，媽媽不管走到哪裡都會帶著她的毛線球與紡錘，邊走邊拋，線球愈長愈胖，紡錘卻從來不會落地。

那天我跟小魚從田裡回來，發現爸爸在家，還有一些村子裡的孩子，全圍在家裡，說是辦慶生會。桌上鋪著美麗織布的桌巾，擺了一些水果跟小餅乾——在這個食物總是以原型呈現在餐桌上的鄉下地方，小餅乾是孩子們的大確幸。

大夥吃吃喝喝，笑得開心。但我發現大家不像是在一般閒聊，好像有支隱形的麥克風在場間流轉，每個人都慎重其事說了好長的一段話。

「我們在說每個人出生時的故事。」爸爸跟我解釋。我才明白，原來剛剛每個人發表的演說，是在講自己出生那天所發生的事，關於媽媽如何將他們生下來、爸爸又做了什麼……好像透過回顧與分享這個過程，自己又重新出生一遍。

「哇，我從來沒有想過可以這樣慶祝生日，這是這邊的傳統嗎？」我好奇問。

「不是，」爸爸笑著說，「只是我覺得這很重要，所以這幾年都請孩子回去問自己的爸爸媽媽，然後跟大家分享。」

會後我回到房裡坐在床上，床上疊了好幾層市場上常見的厚毛毯，最上頭則是一件手織的厚實、豔彩的羊毛布：亮紅色的底，黃綠橙紫的線條飛舞。我仔細一看，突然發現上頭還織了「Luis」的字樣，那是弟弟的名字，我之前一直沒注意到。

原來這條被子是媽媽為弟弟織的，或許是因為最近弟弟都不在家，媽媽就把布鋪到了我們床上。我鑽進被子裡，心裡想著，Luis 是不是也知道媽媽生下他時的故事？這條毯子想必是媽媽在懷他時日日坐在織機前，帶著期盼辛苦採收的，如今它創建出來的「家」的空間，也包覆了我。

草藥

那天夜裡，我的肚子突然痛了起來，我爬出厚重的織布被毯，摸黑到廁所裡蹲著。一會兒又感覺噁心，卻怎樣催吐都是乾嘔，肚子裡頭好像有個頑強的東西，讓我極不舒服。媽媽看我臉色發白、身體顫抖，認定我一定是白天的時候織布織太晚，著涼了！立刻進廚房熱了毛巾要幫我敷肚子。我用破爛的西文跟她解釋，我覺得是腸胃的問題，可能是吃了不適應的食物。媽媽一聽又立刻消失，這會端著一杯熱茶出來要我喝了。

那熱茶讓我漸漸舒緩，但仍到接近清晨才得以入眠。

隔天，媽媽依然坐在院子裡頭做著手工。我雖然肚子已經不再痛了，但體力孱弱，只能躺在地上，晒著溫暖的陽光，想像陽光一滴一滴地幫我充電。我問媽媽，昨晚的藥草是哪裡採的，我也想認識一下我的救命恩人。

媽媽笑著指向斜倚在牆上的織布機木棍腳邊，乾硬的紅土上冒出一點青綠，「就是它啊！」

什麼？原來我每天坐在織布機前，身邊的雜草就是仙丹，我竟然有眼不識泰山！看來這場病一定是神的旨意，要我好好認識這些不容忽視的存在。

媽媽從織布機旁採了兩種藥草給我看，一種對於腹痛、嘔吐等非常有效；另一種是萬用藥草，任何病症皆可使用，平時也會沖茶來喝。我放在鼻前聞了一下，非常強烈的薄荷香氣直衝腦門，而它確實有個小名，叫做「安地斯薄荷」。

媽媽見我對草藥有興趣，又帶我走到院子外頭的一棵大樹下，指著樹下的草堆跟我一一介紹每根草的名字，有治療膽結石的、發燒的、頭痛的、喉嚨痛的。最後她指著上頭的樹說：「還有這個，葉子很香，可以拿來洗頭驅蟲喔！」我搓了一下如簾幕般下垂的對生葉序，果然香氣逼人。

我發現安地斯山區的民族至今仍保有豐富的在地草藥知識。即使在高山地帶看起來並不像是植物相特別豐富的地方，他們也能夠如數家珍地找到生活所需的各種藥草。媽媽說這些知識都是在地流傳，這個家裡認得、會使用的藥草，可能跟隔壁村的不一樣；但也有許多是通用的。城裡的人雖然無法直接摘取藥草，但市場裡都會有青草鋪子，集結各地的藥草。草藥的使用依然是非常日常的習慣。

這讓我想到，我曾經在婆羅洲的雨林旅行時，靠著當地的藥草度過一些病痛；而台灣的部落或農村裡，也都還流傳著一些阿公阿嬤的草藥知識。草藥的使用可說是人類的祖先很早就學會的生存之道，而且隨著人類在地表的各處蔓延，探索出了一個相當龐大的知識庫。而我總覺得這是一個神奇的事實：雖然每個地方的環境不同，因而生長著不一樣的植物相，其間可能相差甚巨，但每個地方的人們卻都能夠從他們生活的環境中取得一般所需的藥草；或換個角度來說，每片土地所長出的植物群集，都會是一個基本功能完整的藥房。

「新冠疫情時我們村裡都沒事，靠的就是這些藥草。」媽媽一邊說，一邊又採了一些，要拿到廚房裡沖茶。

安地斯山地的藥草種類雖多，而且每個地區都不大一樣，不過服用的方法似乎都很簡單而且一致，就是沖泡熱茶，他們稱為「mate」。對他們來說，這是一種介在藥跟茶之間的飲品，身體有病痛的時候，他們會服用相對應的 mate，但平時的早餐跟午後也會喝 mate。

「Mate」這個字，其實就是鼎鼎大名的「瑪黛茶」的詞源。Quechua 語中的「mate」泛指所有熱水沖泡的花草飲，但在阿根廷與巴拉圭，「mate」則是專指一種當地原住民族自古以來就認得，且會使用的藥草所沖泡的飲品。後來這種茶飲被歐洲人認識後，進而在世界上廣為流傳，mate 也成了專有名詞的「瑪黛茶」。就像是南非的國寶茶、喜馬拉雅山地的訶梨勒茶，乃至於更全球化的茶、咖啡、巧克力，細究其起源，常常都是某個文化體在經年累月的生活中探索而來的草藥知識，以植物來照護身體，進而發展為神聖飲品。

聊到茶，我的興致也來了，突然像病全好一樣，從地上跳起來奔進屋子裡，從背包裡拿出我特別從台灣帶來的高山茶，想要跟媽媽分享一壺 mate de Taiwán。

媽媽很驚訝地發現，我只加了少少一點顆粒狀的東西在熱水裡，過了一會，那些顆粒竟然像舞者一般將肢體全部舒展開來，變成了綠色的葉子，在清黃透光的茶湯中泳舞著。媽媽喝了一口，非常喜歡，拿給坐在旁邊的小孫子，但孩子似乎不愛這些太過無趣的飲料。我見媽媽喜歡非常高興，拿出一包茶葉想留給媽媽。

其實我算是相當輕量化的背包客，不過行囊裡一定會帶上幾包茶葉。這一直是我旅行的習慣，或許心底有個隱性的想法是，必須帶些熟悉的藥草在身邊，像可食的護身符一般守護自己。我跟小魚也喝了一口茶，熟悉的香氣讓我覺得身心舒坦了不少。我看看小魚，她也因為高原反應，這幾天一直微微頭痛，啜了口熱茶後，臉上的表情逐漸有種輕鬆之感。

然後她轉過頭來對我說：「好想加牛奶跟珍珠喔！」

/

我們離開爸爸媽媽的家後，每隔一段時間就會收到爸爸媽媽傳來的訊息。

「今天也有練習英文，很想念你們！」

「昨天吃晚餐時想到你們就哭了，希望你們旅途平安。」

「這是我的乾兒子（隨訊還傳來一個聯絡人資訊），他住在熱帶（玻國對亞馬遜雨林區的稱呼），天氣太冷的話你們就去找他吧！不要感冒了！」

我發現每次傳來訊息的時間都是週日，猜想他們是利用到鎮上的市集工作時傳訊息給我們。我們當然也很想念爸爸媽媽，但這些旅途上的相聚離別已經讓我相信，真正重要的是在交會之時付出真心，與人為善。無論如何，這些曾經的相聚都如盛開一時的花朵，它的美及香就在當下，而花謝之後，也無須流連或感傷，它們會以不同的形式陪伴在身邊。

某次我跟小魚又走在市場裡，遠遠看到一個老婦人坐在地上，身前擺滿各種花草植物。我一眼就在眾多青綠之中認出了那個熟悉的面孔，是安地斯薄荷。我跟老婦人買了一把，放進背包裡繼續這趟旅程。

湖光

［安地斯 Andes］

祕湖之谷

開始這趟旅行之後，很多人會問我們是如何規劃行程的，但說實在的，我很常不知道該怎麼回答這個問題，因為我們並沒有做什麼規劃。我們很常是隨意、憑直覺地選了一條路就往前走，或者搭公車、便車，或者徒步。一路上遇到形形色色的人，就會為我們打開意想不到的際遇。

浪漫歸浪漫，也會在很多時候面臨窘境。但人生不就是這樣嗎？踩到什麼就是什麼，好與壞的分別都在我們的一念之間。對我來說，重要的不是事事追求盡善盡美，而是如何調整自己的心，安然地看待、面對所有一切來到自己身邊的發生。

有次，我們徒步經過一個山村，一位婦人熱情地與我們攀談。雖然因為她鄉音很重我聽不大懂，不過言談之間的幾個單字卻勾起我心中的好奇：「山的另一邊」、「廢棄的村莊」、「湖泊」、「動物」。我打開地圖仔細研究，發現我們所在的河谷北面確實有另一個河谷，而那個河谷裡很神奇地，有三個連續的湖。一條古道穿過兩個河谷中間的分水嶺山，看來是過去村民的聯絡道路，只是村莊廢棄後，只剩牧民偶爾會帶牲畜過去吃草。

我們臨時起意，到隔壁的山谷一探究竟。

順著婦人手指的方向，沿著放羊的路上山，一開始的路寬大好走，但不一會路徑就消失了。跟著直覺還有沿途的羊大便，我們仍然繼續往前走，不知道走了多久、休息了幾次，突然眼前出現陡直的山壁，山裡一個凹陷，一座碧湖靜躺在山的臂膀裡。

安靜，整個世界像是只剩下光，幾隻水鳥無聲從湖面飛過，一種神聖感從周遭蔓延到心裡。湖邊還有個廢棄的小石屋，好像隨時會走出一個白衣女神。我跟小魚很有默契地靜默不語，緩緩在湖邊漫步。

不過我突然想，有這麼快到嗎？通常當地人說的一兩小時的路程，我們應該要走上半天。我打開地圖再仔細研究一下，喔！原來，這是個隱藏版的湖泊，藏身在分水嶺山的山坳中。要到山的另一邊，我們大概還有一半的路程要走。

「咦，我的護膝不見了！」

就在我研究地圖的時候，小魚突然對我說。

「剛剛休息的時候還有的……」

小魚的口氣很懊惱。小魚的膝蓋有舊傷，那個護膝對我們來說很重要，尤其在玻利維亞鄉間這種東西不好買，而我們又很常喜歡徒步旅行。我立刻往回找，不過來來回回怎麼都找不到，只能鎩羽而歸。最後我們決定，小魚在原地搜索兼休息，我先往山頂探路。

我立刻小跑步上山，在海拔四千米的高空，心臟像萬馬奔騰。海拔愈往上，草相愈稀，巨岩林立。終於我接上山頂的稜線，突然古道又出現了，順著稜線往山的另一邊，過不久就看見前方河谷的透空。我狂奔過去往下一望：

哇！下方的河谷如蛟龍一般穿梭在大山之間，往上直通雪頂壯闊的神山，往下則隱入蒼茫的雲海。而在河谷的左岸山脈，烙印著連續三個如隕石坑般的印記，坑裡是如藍寶石般的湖泊。

我望向眼前的河谷，好像直視著地心的祕密，地球的神聖感再度充滿心中，我感覺到它好像在對我唱歌，那歌聲是如此輕柔。我想快點回到小魚那，帶她一起過來。

我又小跑步回去，沒想到苦尋不著小魚，最後發現她哭喪著臉坐在石堆上。看來護膝還是堅持離家出走，我感覺到此刻我倆都又累又餓，小魚已在情緒崩潰邊緣；我決定轉換一下節奏，拿出背包裡常備的可可塊跟麵包先撫慰一下身心。我一邊補充能量，一邊拿出手機亂翻……「咦，你剛剛不是說休息的時候護膝還在嗎？」但我發現，上次休息，小魚開心吃著蘋果的自拍照中，早就沒有護膝了！

這是個好消息，也是壞消息。好消息是其實我們還沒搜索過正確的區域，壞消息是正確的區域範圍比原本預期的更大。因為這一帶並沒有明顯的路跡，所以我們也不確定來時走的路，只能盲找。還好小魚很喜歡拍照，沿途都拍，我決定拿著手機比對視角找出她走的路徑。這雖然是個方法，但很多時候都讓我身陷帶刺的草堆跟巨石陣中。我心裡開始出現OS：如果等一下湖中女神出現，問我掉的是金色護膝還是銀色護膝，我一定要誠實地跟她說是黑色的，而且還只有一只……就在我胡思晃神之際，眼前一顆大石擋住我的路，我往左右看，兩邊都是巨大落差，無法繞過，只好硬著頭皮，雙手撐著大石，爬上去。

一上去，一個黑色的護膝就在那裡等我。

原來，小魚一定也是在爬這個落差的時候掉了護膝！我大聲往下呼喊，告訴小魚找到了；小魚又驚又喜，她原本已經要放棄了。此時我看見雲霧從下方的河谷飄上來，籠罩著遠方的小魚，好像真是女神出現的場景。

不過因為我們花了太多時間找護膝，已經沒有時間再去探索那座祕湖之谷了。心裡有些遺憾，但也明白其中必有某些安排。有些人事物，只是驚鴻一瞥的交會，但會永遠留駐在心裡。

馬鈴薯

我從裹了五層厚重毛毯的床翻身起來，縮瑟著身子，透過屋裡小小的玻璃窗往外看，遠方天際線被染成漸層的粉紅與紫藍，天地間好像不存在分野。打開窗，空氣如冰河湧入，一個從阿拉斯加一路騎單車南下的美國旅人告訴我們，這裡晚上的室外溫度是零下十五度。而此時，奶奶已經坐在院子裡的爐灶邊，生火做飯了。

來到爺爺奶奶家就是一場意外的際遇。我們搭上了同一台便車，當時車上座位已滿，我原想讓座，但爺爺比我飛快地跳上行李倉，探出一顆頭，靦腆地笑著跟我們打招呼。

一路上車裡的人以 Aymara 語輕聲聊天，卻聽得出來聊得熱絡，偶爾轉成西文好奇地問我們各種問題。聽到我們還不知道今晚住哪，奶奶毫不猶豫地答應接待我們。

爺奶的家在高原上，一口快乾涸的大湖邊，一座快廢棄的小村子裡。在聯外的土路開通之前，他們都是靠驢子搬運馬鈴薯，走半天的路到最近的小鎮交易生活物資。一年前這條路開通了，村民們都紛紛搬到鎮上，爺奶成了村子唯一的常住戶。

高原冰寒而明亮，地球在這裡脫下了所有外衣，赤裸裸的黃土攤在藍天下。爺奶住在刷了白漆的土屋裡，屋前有個大院子，院子裡一口土爐子充當廚房。日子辛勞，卻活得很開朗，尤其是奶奶，笑聲中氣十足，雖然五個孩子都搬走了，但還有一個最小的女兒同住。家裡唯二對外的通訊，是一台太陽能收音機跟按鍵式手機。每天的例行工作就是早起把羊群趕到不同草場，傍晚再趕回家；趕羊時，順便在光禿的大地上搜尋可供燒火的枝條、推著單輪車到村裡唯一的水井取水。生活如是，日復一日。

爐上的鍋子早已咕嚕作響，我打著哆嗦來到火邊，跟奶奶道了早安，坐在羊毛皮墊上一起削起馬鈴薯皮。

早餐吃的是 chairo 熱湯，也是奶奶最常做的一種料理，因為天氣太冷了，有時候一天三餐都吃 chairo。Chairo 的主角是馬鈴薯與馬鈴薯凍乾。馬鈴薯是安地斯山區的傳統主食，能適應高原氣候，卻不如穀物耐放。新鮮採收的馬鈴薯必須在幾個月內吃完，但安地斯民族千百年前就發現了這片土地的生存之道：將馬鈴薯製成凍乾。方法非常簡單，馬鈴薯只要在這個季節放在空曠的室外，晚上結凍，白天再日晒融冰，就會變成像吸了水的海綿，此時用手擠就能將水分壓出，如此反覆操作個四、五天後，就會變成像發泡煉石質地般的凍乾，可儲放好幾年。

而在安地斯鄉村的廚房裡，通常不會有砧板或削皮刀這種東西，但又以馬鈴薯為主食，所以我很快也學會一把小刀在手就可以將薯脫皮切塊。石頭也是重要的廚具，以扁平微凹的大石為基座，再以石塊滾磨或敲擊，特別適合用來處理預先泡水軟化的凍乾，如此丟進鍋裡很快就煮熟了。奶奶的 chairo 裡還會加入一些穀物、蔬菜及肉乾一起燉煮。因為天氣乾冷，所以獸肉只要稍微日晒風乾後，放在土屋裡就可以保存，家裡的倉庫有整水桶燒過毛的羊頭與羊腳。

奶奶將已經滾一陣子的湯鍋打開，加了點鹽巴調味，盛了滿滿一碗的 chairo，還特別挑了一隻羊腳，熱呼呼地遞給我。寒冷的高原之冬，太陽在我手中緩緩升起。

冬季正是馬鈴薯採收之時。那天爺奶讓小女兒一個人去顧羊，便帶我到田裡一起採收馬鈴薯。爺爺先用鏟子把一株株枯掉的馬鈴薯植株鏟起來，我跟奶奶就坐在地上掏薯。爺爺說今年雨水少，馬鈴薯都長得很小，但我卻驚豔於挖出來的馬鈴薯色彩斑駁，有白、黃、粉、紫、黑，每一種爺爺都可以叫出一個名字。

我們就這樣在田裡工作了一整天，清晨還天寒地凍，正午的豔陽卻又讓人無處可躲，如此嚴苛的環境中，馬鈴薯卻代代繁衍生息。

馬鈴薯可以說是安地斯山送給世界的禮物。安地斯民族很早就馴化了這項植物，並依賴它在高原中生存。西班牙人來到這片土地後也發現這項植物的耐寒、耐旱、耐瘠，將之帶回舊大陸，很快就成為許多貧困地區的主食。到現在，我們每個人大概都吃過薯條，卻不一定知道，在其原生的安地斯山裡，馬鈴薯還有一則身世傳說：

從前有一個部落，靠種植藜麥與畜養羊駝為生，與大地維持著和諧的關係，生活富足而平和。有一天來自北邊的外族入侵，部落因為已經平和太久，不具有任何武力，馬上就被洗劫一空，甚至淪為奴役。這樣的日子持續了好久，直到有一天，一個年輕人不願再屈服於外族的掌控，起身反抗，但終究徒勞無功。

創世之神看見了，化身為巨大的禿鷹，出現在年輕人面前，並把他帶到山頂，交給他一把種子，要他帶回去種，並告訴他這個植物將會拯救他的部落。種子果然很快地發芽，長成綠油油的植株並開出美麗花朵。只是沒想到這時外族人又來了，他們看見新的作物，立刻全部採收帶走。

年輕人傷心地跪坐在田裡，卻發現，一區因為乾枯而沒被帶走的植株底下，竟然挖出了從來沒看過的塊根，煮過之後還非常可口。部落的人因為這些新的食物得到了力量；相反地，外族人在吃下馬鈴薯的新鮮植株後，因為食物中毒而上吐下瀉，最終被反攻。

其實讓外族人食物中毒的原因，就是我們現在所熟知的：發芽的馬鈴薯不要吃。馬鈴薯含有對人體有毒的茄鹼，尤其是其鮮嫩植株與薯皮，這也是為什麼三餐以馬鈴薯為主食的安地斯民族一定會費時削皮。這個傳說巧妙地凸顯了馬鈴薯的植物特性，顯然安地斯民族對這個老戰友早有深入的認識。直到現在，馬鈴薯依然盡忠職守地陪伴在安地斯民族的日常，幫助爺奶度過一個個旱年。

/

黑夜降臨之後，大地再度冰凍，不想變成凍乾的我們只能依偎在火光的結界裡貪圖一絲溫暖。奶奶看我穿得單薄，特地拿了一件她織的羊駝毛毯，要我裹在肩背上，胸前再用別針別起來。爺爺看了一直笑，因為這在當地是婦人的裝扮。

我不以為意地繼續削著馬鈴薯皮，爺爺在石磨上敲打著凍乾，奶奶則到倉庫裡拿了幾隻羊腳，然後全部一股腦丟進鍋裡。那裡頭就像濃縮的高原：馬鈴薯、馬鈴薯凍乾、羊駝；沙土、湖水、寒氣與陽光。

等待之間，爺奶用 Aymara 語有說有笑，我不時聽到我的名字參雜在對話之中。我猜他們是在開我玩笑，因為白天工作時，爺爺一直跟我說太小的馬鈴薯不要，埋回土裡讓它之後發芽，但我還是忍不住留了太多指節大小的馬鈴薯。「他們可能是在笑說，以後這種小馬鈴薯要叫 papa Lipo 吧。」我心裡想。

「奶奶說她以後死的時候，Lipo 會為她哭，」爺爺突然改用西班牙語跟我解釋，「這裡的年輕人都搬走了，只有台灣來的小夥子跟我們一起工作。」說完，我還沒來得及反應，爺奶看我一臉呆，又開始大笑，那笑聲被風帶走，流散在空曠的大地。

羊駝

那陣子每天的早晨儀式都是如此，我跟爺爺會在天未亮前走到山腰上的羊駝圈子，從疊石牆上搬開一顆顆的石頭，「開門」讓羊駝出來，帶牠們到草場。沿途羊駝發出輕淺的低鳴呼喚大地，踩著陳緩的腳步撫觸大地，低頭吃草淺吻大地，大地於是甦醒。

日光像是金色的湧泉從山頂一路往山腳下的家流淌，等到家屋整個沐浴在光中，奶奶的早餐也約莫煮好了。小女兒會來交班，我跟爺爺就回到家裡，喝過一碗熱湯後，備好鐽子、布袋、繩子，牽起驢子走進廣大的田野，開始無止境的掏薯人生。

「所以對你來說，羊駝跟馬鈴薯哪一個比較重要？」我雙腿盤坐在田壟邊，從看似貧瘠的黃沙土中挖出一顆顆馬鈴薯。待在爺爺奶奶家不過一兩個星期，每天面對著羊駝與馬鈴薯，突然很好奇一輩子都周旋在這樣安靜對話上的爺爺，是如何看待這兩個老伴的？

爺爺說：「馬鈴薯是食物，羊駝是生命。」他的話一向很簡單，讓西文基礎班的我一聽就懂，卻又需要思考良久。我望向周遭，湖光映爍在平坦的大地之上，遠邊的天際橫亙著朦朧山影，好像世界的邊界，思緒到了那裡，已在時間與空間的尺度之外。

我們現在可以說是在安地斯山脈的正中心，如果從衛星圖上來看，這個全世界最長的山脈頭尾兩端是細細長長的，但在中間這段卻膨大起來，像隻吞了象的蛇。而這象，其實是夾在東西兩條稜脈之間，一片廣大而平坦的高原。如果從低地一路沿著曲折迂迴的山路爬升，穿越山稜隘口之後抵達這片高寒平坦之地，你會瞬間感覺通透明亮——原來地球的屋頂上還有這麼一個大陽台！

Aymara 人自古以來就生活在這片高原，他們是什麼時候、又是如何落腳在此已不可考。可以確定的是，他們先後經歷了兩個強大外來政權的殖民（一個是南美洲最大的古文明印加帝國，另一個則是更為強盛的全球帝國西班牙），卻仍然保留了自己的語言、信仰與文化。有人說那是因為 Aymara 人有一種柔韌卻頑強的生命力，他們擅長表面順從，內裡卻我行我素，就像他們每個人都會說西班牙語及 Quechua，但在家裡說的一定是 Aymara。

對生活在高原上的 Aymara 人來說，羊駝確實非常重要。這裡環境嚴苛，低氧、寒冷又乾旱，馬鈴薯的收成並不夠，但羊駝的生命力卻非常強，再怎麼旱的年，牠們的族群都還是可以穩定成長。家家戶戶都會養一群羊駝，除了是實質的經濟考量，更是心理上的安全感與生活上的陪伴。

爺奶家裡總共養了六十多頭羊駝，每天的例行工作就是放羊吃草。羊駝可以交給大地養，但不能不顧，因為這裡也有牠們的天敵：狐狸。所以放羊時，至少會有一個人留著陪伴羊群，如果輪到奶奶，她總會找個遮蔭處拿出鉤針，然後就沉入織海，但又似乎有第三隻眼飄在羊群之上，偶爾哪隻跑遠了，她會立刻起身把羊趕回來。某種程度上來說，爺奶是羊駝的保鏢。

羊駝則回饋了家裡主要的蛋白質與毛料。家裡久久殺一頭羊，肉乾就夠一家人吃好幾天；羊駝血則會煮成血糕，成為狗的食物。倉庫裡還有好幾塊煸好的羊油餅，讓家裡雖然沒有沙拉油也可以豪邁地炸薯條。羊駝毛也是生活必需品。牠們的毛色正是這片土地的顏色：明亮的白、清淡的米、樸實的黃、沉穩的棕。奶奶會將不同顏色的毛分堆紡成線，不需要特別染色就可以織出樸實的條紋布，家裡用來搬運農作的袋子跟繩子都是羊駝毛編織而來。

不僅鄉村地區，羊駝也是高原城市裡的蛋白質擔當。初至高原城市時，我就發現當地常見一種街食文化：很多人會圍著一只熱油鍋坐著，油鍋由一個女主人執掌，裡頭是半煎半炸的羊駝肉。只要有客人在油鍋邊坐下，女主人就會立刻現剝一顆水煮蛋丟入油鍋中熱一下，同時從旁邊布包著的水桶中盛好一盤水煮的玉米粒、馬鈴薯、馬鈴薯凍乾，然後在上面鋪上一層熱騰騰的炸肉與熱好的蛋。

有次上市場買菜，我遠遠就看見，有一區的攤位掛了很多的羊駝娃娃，我們好奇地走過去。

「那個好像不是娃娃，是真的羊駝。」小魚突然跟我說。

我仔細一看，確實是真的，只是已經死了，身體乾燥硬化，毛好像還特別漂白過。除了這些羊駝木乃伊之外，旁邊還掛著很多乾燥的羊駝胎兒。原來我們走進了市場裡的神祕區域，這些攤位賣的，都是提供巫師作法的供品。另一位友人也曾跟我解釋過相關的獻祭、剪耳儀式，只是語言的隔閡讓我始終無法完全理解。

我發現，Aymara 的精神宇宙像一座錯綜複雜的山脈，置身其中的我摸不透方向，但隱約看見，羊駝就像底層的水系一般，連貫著生命與禮俗。

/

今天的收成不錯，這片田的薯很肥。或許是因為農忙時節、學校也剛好放假的關係，爺奶的另外兩個女兒也帶了孫子們回家，大家一起坐在田裡掏薯。一個上午的工作，薯塊已經堆成三座小山。我們挖完最後一畦，田邊也剛好傳來開飯的呼喊。

午餐是炕窯馬鈴薯，配上切絲的紅蘿蔔跟洋蔥，撒點鹽巴拌成沙拉。大家就這樣圍坐在土地上，迫不及待地伸手抓起薯塊，剝掉土色外皮後露出淺紫色的薯肉——爺爺說紫薯是最適合窯烤的品種——一口熱騰鬆軟的馬鈴薯，配一口清涼的沙拉。這種時候總會讓我相信，簡單跟豐盛其實是同義詞。

「Lipo，我拿午餐去給（顧羊的）妹妹。晚點我們到那裡工作，你看得到有圍欄那裡嗎？」爺爺一手拿著包著薯塊的布，一手指著遠方對我說。

「喔，有，我們要去那裡採收馬鈴薯嗎？」我問。

「不，我們要去把柵欄拆掉。」

爺爺解釋，羊圈有分固定式的跟移動式的，像山上的疊石牆就是固定式的羊圈，移動式的羊圈則是他特地從外地買來的鐵絲網圍出來的。這種移動式的圈子，他每隔兩三年就會換位置，舊的圈地拿來種馬鈴薯，因為裡面囤積了很多羊駝糞便，結出的薯會特別大顆。我們現在採收的這片田，就是去年的羊圈。

原來羊駝不只毛皮骨肉血全利用，連糞便也不浪費。這似乎是 Aymara 人可以給羊駝的最高敬意了。牠們是真正屬於這片大地的生命，不論天寒地旱，牠們總是默默低著頭，尋找土地裡的生機，而且還永遠掛著老神在在的笑臉。

Aymara 人能夠在環境艱困的高原上生存下來，羊駝既是實質的依賴，更是精神上的鼓舞。牠代表的是原生於這片土地，歷經各種逆境依然生存下來的堅韌生命。

羊駝與馬鈴薯共同撐起高原人的物質與精神生活。當然也不只有他們，家裡的土屋倉庫還儲放了早一些採收的藜麥、大麥、玉米；這片土地上長出的每一根草——即使不多——都是爺爺叫得出名字的藥草；就連仙人掌都會在短短的雨季長出鮮豔多汁的果實，滿足孩子一整年的等待。生命是一張相互牽連的網，共同撐起彼此。

聖山

大湖的邊緣有一座山，拔地而起約兩百米，說實在的並不高，但在這廣闊無際的高原裡卻顯得格外突出。山的周圍有三個小村子圍繞膝下。從村子往山望去，山體白淨淨的，沒有一點綠衣覆體，黃土與灰石映著萬里湖光，清晰可見錯綜複雜的疊石圍籬像迷宮一般蔓延其上，是千百年來村民們慢慢堆疊起來的羊圈。

爺奶住在山北面的村子，沿著放羊的路橫過山腰就會抵達東面村，我們聽說那裡要舉辦一個「會議」，決定去一探究竟。東面村恰好正對著山的尖頂，遠遠可以看到上面有個小小的突出物，似乎也是疊石堆成，雖然色調完美地融入大地，但方正的線條格外搶眼。

「山頂上有個小房子，」男人見我目不轉睛盯著遠方，熱情地跟我解說，「每年十一月底，我們三個村會各自帶著羊駝、食物跟酒爬上山頂，在那個小房子一起吃吃喝喝、唱歌跳舞，進行祈福跟慶祝，我們叫做『San Andres 節慶』。」

我立刻聯想到 Achachila。在 Aymara 的信仰之中，Pachamama 跟 Achachila 是最重要的守護神；Pachamama 是大地媽媽，而 Achachila 則是山的化身。爺爺也跟我說過：「每個村莊都有一座山。」又是一句簡單卻又印留在我腦海中、讓我反覆思索的西文造句。

山頂被認為是神聖之所，似乎是人類心靈對這個世界地景最原初而直覺的認知。在還沒有科學家提出「板塊運動」、「造山作用」的詞彙前，聳立在大地上的巍峨山體，生命之水從其間流出，似乎理所當然成為令人敬畏的存在。山是這片大地賜給人們的原初廟堂，讓人類飄泊的心靈可以有一個停靠的島嶼。安地斯民族許多重要的儀式都會在山頂進行。

而我發現，在 Aymara 的世界裡，也非常強調陰陽之間的平衡，似乎也源自對天地萬物觀察的直覺反應。突出挺拔的 Achachila 與平坦富產的 Pachamama 正是一陽一陰的對照，這樣的思想也普遍存在其他的安地斯、南美洲族群，延伸到今日整個拉丁美洲的西語文化圈，都很常見「Padre Sol」（太陽爸爸）及「Madre Tierra」（大地媽媽）的說法。人一旦認天日為父、大地為母，也就成為天地的孩子，這個廣闊的世間都成為我們的家。

Aymara 人會如何對山岳與大地進行祭儀？這個 San Andres 節慶又為何選在十一月底？

「我們現在已經不那麼做了。」當我想更深入地問男人問題時，另一邊的人突然打斷我們的對話，而原本說話的男人也像做錯事的孩子一樣馬上閉嘴。「山上有惡魔。」插話的男人又說。

我大概明白他的意思。當西班牙殖民者將天主教帶進安地斯山上的原住民社區時，許多原住民的信仰為了生存，便穿起了外來宗教的衣裝，藏身在天主教的眾多儀式活動之中。我猜這個「San Andres 節慶」就是原本的聖山朝拜儀式，結合一個天主教聖人之名的典型例子。幾百年來，傳統信仰與天主教都是如此和平共處。

但近代，福音派教會的信仰開始在拉丁美洲散布，似乎又重新翻攪這個平衡。我們來到此地才知道，所謂的「會議」其實是個布道大會。福音派教會每個月會到不同的村子，搭起簡易的棚子作為聚會所，傳道講經，而且對於經文的解讀似乎比起過去的天主教更為嚴格。男人拿出一本小小的黑皮書，那是西語與 Aymara 語的雙語聖經，翻到了關於「惡魔」的章節，開始跟我解釋為何不再進行上山的慶典。

/

棚子是用厚重的淺橘色塑膠帆布搭起，裡頭沒開窗卻亮晃晃的，輪流有人上台分享自己信教的心路歷程。台上的人講得激動，我跟小魚卻感到缺氧坐不住，便出來透透氣。高原的風吹攏過來，幾個孩子也如嬉戲的鳥般一擁而上，想必跟我們一樣耐不住棚子裡凝重的空氣。

孩子們說要帶我們去採一種鮮紅多汁的仙人掌果實，在乾燥熾燄的高原正午，這可是極品。孩子們聽說我們沒帶過夜的裝備——我們到了才知道，原來這個「會議」是兩天一夜——馬上又跑回家拿了一疊羊毛墊子跟毛毯。

棚子外頭也正在準備共食的晚餐。女人們在黃土地上席地而坐，削著馬鈴薯皮；男人們正分解剛宰殺的羊駝，準備放到火紅的炭床上烤；還有一些人圍在大灶邊，翻攪大桶鍋裡不知名的湯，一邊用圓鍬鏟起一旁的乾燥羊駝糞堆加進火裡。村民友善地招呼我們一起圍火。

突然棚子裡的人都走了出來，聚到一旁一戶廢棄空屋前的大院子。院子中央挖了個洞，鋪上大塊塑膠帆布，注水為池。一名貌似牧師的男子走入池中，開始帶領群眾禱告。告一段落時，一群人攙扶著一個行動不便的老人出來，將他帶到場中的水池邊，並為他褪去外衣，鬆垮垮的肌膚暴露在高原的風塵之中。人群靜默，老人在眾目睽睽下被抬起，慢慢放入水中，就在身體入水的瞬間，老人發出了呻吟，不知道是出於感動還是冰冷。牧師又開始念念有詞，同時舀水澆在老人身上。人群也跟著牧師禱告，情緒隨著音量湧漲，然後在最後的一句「阿門」如煙花落盡。

人群散去。棚子裡的講經聲又重新開始。院子裡空蕩蕩的，方才跟我解釋「惡魔」的男人這會兒又來到我身邊，笑笑地跟我打了個招呼。他又從口袋裡拿出聖經，跟我說耶穌受洗的故事，以及為什麼我們每個人都必須受洗。

「你有受洗了嗎？」他最後闔上黑皮小書問我。

我在腦中搜尋回答的西文詞彙，卻發現腦袋裡全都是剛剛老人被浸入水中的畫面以及老人的反應，突然間全身細胞也像是觸水一般清醒過來。

在台灣時，我住在一個溪谷裡，幾乎每天我都會走到溪中的一處深潭，洗澡兼洗衣。我會輕輕走入潭中深處，不驚擾起一滴水花，直到頭也整個沒入水中。我發現每次入水的過程，我的身心都會經歷一種轉變，內在的世界變得如雨後的天空一般清明——這不就是「受洗」？

雖然我不是帶著特定的宗教意識入水，但從精神意義上來說，那水對我而言確實是近乎聖潔的存在。

我並不總是為了淨身而入水，有時候單純心情雜亂也會去那處深潭，好像所有的塵垢，不論身體的或心理的，都可以被那水洗滌、被溪流帶走。我突然理解，為何人類許多的古老宗教都不約而同地以水作為神聖淨化的媒介。除了基督教的受洗儀式，恆河邊不也總是擠滿了沐浴的印度教徒？

水所具有的淨化、清理作用，也像山的神聖一般，是人類對自然萬物最原初的直覺與認知。

進城

因為我們必須進城一趟辦理簽證，所以我跟爺爺提議由我們包一台車，順便也載孫子跟女兒們回小鎮準備上學上班。爺爺聽了頻頻點頭稱是，臉上的表情卻若有所思。那時我還不知道，這個提議對這高原上的一家人來說像個大事一般，一早起來，家裡的節奏就跟平常大不相同。

孫子們躁動不安，在院子裡裡外外嬉笑狂奔，還常常飛撲在沙土地上打滾。最後他們意氣風發地踱步回來，我才看到他們手裡擒了兩隻瘦巴巴的雞。

家裡的雞比較像是鄰居，大部分時候都跟人保持著一種點頭之交的禮貌距離，看似閒散地四處散步，其實覬覦著晾晒在院子裡的穀物。當牠們露出馬腳，爺爺會飛快地丟石驅趕，雞立刻哭喊著落跑，遠離後又馬上一副氣定神閒的樣子，漫步在沙土裡挖蟲，好像什麼都沒發生過。偶爾爺奶會撒一些玉米給雞吃，這就夠牠們甘心與人為鄰了。

奶奶將孫子們抓回來的雞斷喉放血，然後交代女兒跟小魚午餐的工作，便匆匆出門。爺爺在家也沒閒著，把奶奶前一天炒好的小麥粒放到手搖的研磨機中轉起來。這種手搖式研磨機在安地斯山上的偏遠鄉村可是家戶必備的農具兼廚具，各種穀物都必須靠它製粉才方便料理食用。

爺爺正在製作的這種小麥熟粉很像我們的麵茶粉，沖熱水就可以直接食用。在日夜溫差極大的高山地帶，一頓熱呼呼的早餐至關重要，所以安地斯山間的晨間市集裡總會有包得圓滾滾的婦女推車兜售穀漿，再配上炸麵餅，溫度與熱量兼具。而穀漿的種類包羅萬象，除了有國際化的小麥、大麥、玉米、燕麥等等，也有近年來在有機商店火紅的安地斯傳統作物藜麥，以及較少為人知的藜麥的另外兩個好姊妹：kiwicha 及 cañihua，同樣色彩如寶石般豔麗而且營養豐富。

我跟爺爺兩人輪流轉著研磨機，手搖其實相當吃力，不到幾分鐘手臂就痠了，而要磨到足夠的細度，還必須磨兩次。我們終於磨完兩大袋的粉，爺爺一邊用繩子綁口封好，一邊叮囑我到村裡的水井去找奶奶。

原來奶奶早已在水源旁架起了簡單的石灶，燒起大鍋的水，將家裡所有的衣物都用單輪推車推了過來，準備洗澡洗衣。一見到我們，奶奶立刻下令要我們把身上的衣服全脫下來洗。

因為高原氣候乾燥寒冷，我們已經許久沒有洗衣服了，再加上天天都坐在沙土裡掏馬鈴薯，當我把外衣放進水桶，還沒搓，水立刻變成黑的。小女兒看了大笑，開始如大聲公的循環播放功能幫我散布消息。我不好意思地笑笑，反正能在寒冷的高原上洗個熱水澡，趁著日正當中把自己跟衣服都好好晾晒一番，我甘之如飴。

中午非常難得，吃的是香噴噴的白米飯配大塊雞肉。在這裡，米需要到城裡買，輾轉好幾趟運回家裡，所以家裡很少吃白飯，孩子們都特別興奮。雞雖然燉煮了一個上午，但肉依然非常結實。平日若是我跟小魚在外面的市場吃飯，我通常會把雞骨頭也都啃食乾淨，但我這會卻發現，這放養雞的骨頭是硬到啃不動的。我對這些雞升起由衷的敬意，在冰寒高原上自由自在的生命，果然風骨硬挺。

爺爺吃過午餐後又繼續他的工作，備好四個布袋的馬鈴薯跟馬鈴薯凍乾，以及好幾個羊毛皮墊。最後所有工作都忙完後，爺爺才到水源處去洗澡，回來後換上奶奶手織的白色羊毛長褲。

「帶這麼多東西，是要進城賣嗎？」坐在院子裡等車時，我問爺爺。孫子們在一旁玩起一顆破洞漏風的球，早把剛換上的乾淨衣服又都弄髒了。

「不不，我們要去旅行。我順便安排了一個工作，會在鎮上待一個禮拜。」

什麼工作爺爺也說不清楚，但讓我驚奇的是他們對這趟短短的旅程所做的準備。對我們來說，旅行很輕鬆，出發南美洲之前我跟小魚只各背了一個背包，背包裡塞的也大概就是平常爬山會帶的東西，然後就飛過了半個地球，來到這個高寒之地。但對爺奶來說，只不過是到附近的小鎮一趟，就像遊牧民族的季節遷徙一樣，要準備這麼多的糧食與物資，更別說那些隱性的心理準備了。

或許這也就是為什麼，在人們都移居到城裡時，爺奶仍然選擇留在這裡：因為他們的生命是根植於這片土地的，就算只是暫時離開都不那麼容易。這裡有他們的馬鈴薯田、他們的羊駝、他們的草場、他們的聖山，所有身體與心靈所仰賴的一切，都在這片土地上，無法連根拔起帶走。

其實所有的生命都一樣，是屬於大地的：植物必須往土地建立根系，動物們也有固定的領域範圍；一旦離開故土，生命就會受到威脅。然而現代文明動物的我們，已經將地表上的許多地方標準化、模組化了，所以可以輕鬆地將自己習慣的生活複製一份到一個陌生的地方。就像電器一樣，隨插隨用。

我很羨慕爺爺奶奶仍然保有這條與土地相連的臍帶，名副其實地供給他們生命的養分。當然我也很享受現代經濟模式所帶給我的旅行自由，讓我能看見這個地球更完整的樣貌。對我來說兩者沒有優劣之分，反倒是同時看見兩者之後，讓我更能欣賞與感謝我當下所擁有的。

出發之際，爺爺慢慢將行李搬上車，然後拿了一袋馬鈴薯出來，放到我面前說：「這袋馬鈴薯給你們，你們在路上肚子餓了就煮來吃。」沒有多說什麼，爺爺轉過身繼續整理他的行李。

後來回想起來，那天我們吃的那兩隻雞，是爺爺奶奶特別為我們殺的。在我們後來的旅途中，我發現常常我們跟一戶人家一起生活一段時間後，離別時，家裡都會特別殺一隻雞。那好像成了一種共通的語言，沒說出口，卻往心裡去了。

河沙

［亞馬遜 Amazon］

村長不住村莊裡

老舊的巴士在白茫一片的山間低速迂迴前行。我們從一早坐上巴士，一離開高原就進入了這個沒有陽光、時間感也消失的空間，再加上左右搖擺的車體，讓我們很快就陷入半夢半醒的狀態。再次清醒時，巴士已經從群山之間的大溪谷鑽出來，開始加速，在公路上筆直奔騰。

窗外的景色像變成了另一個世界，原本明亮空曠的黃土大地，如今覆蓋著一層厚厚的森林綠蔭；而原本低矮厚實的土屋，也變成用木板拼裝成的，身材高眺卻似弱不禁風的高腳屋，每棟房屋旁總是一叢叢的香蕉樹，寬大的葉子對我們不斷招手。

司機停在一處讓乘客下車，一群小販立刻圍攏過來，抓著餓了一整天的乘客兜售食物，我看了一下小販的籃子，賣的是我們先前在安地斯山地旅行時少見的炸大蕉薯片，好像在跟我們宣告：亞馬遜到了。

如果說安地斯有著古老悠遠的靈魂，亞馬遜就像混沌靈動的生命，兩者像一對性格迥異的同源姊妹，依偎在彼此身旁。當我想一探安地斯的夢境之山，也無法忽略亞馬遜這片地球上最雄偉的熱帶森林對我的呼喚。它就像地球上的一口綠海，水氣與熱力造就了多樣的植物生長，大河寬廣如海，森林水氣蒸騰。這水源自安地斯高山，就像我們搭乘的巴士一般，從山巔一路滾滾而下。

下車後，天色已暗，天微雨，我們簡單吃點東西後就下榻一間客棧休息。客棧是簡單的四合院式平房，中庭晾著被單，此時正淋著雨，但女主人不以為意，拿了鑰匙給我們後，轉身消失在一團漆黑的小房間裡。

地圖上標示了一處「Yuqui 文化中心」，就在我們的客棧附近，但我們在街上繞了好幾回，除了滿地積水與泥濘，什麼都沒看見。

會來到此地是爸媽介紹的。媽媽知道我們從熱帶島嶼來，一直怕我們在高山上冷到，介紹了他們住在亞馬遜區的教子給我們認識，要我們去溫暖的地方走走。但後來我們因故沒有聯繫上，反倒意外聽聞當地有一個玻國境內人口最少的原住民部族：Yuqui。

Yuqui 是相對近代才與外界接觸的雨林部落，直到一九六七年才有教會組織正式與之聯繫，但從此之後就開始了他們多舛的族群命運：原本遊獵的生活方式難以適應現代經濟模式；族人在接觸外界後，一直受到結核病的困擾，人口銳減，這幾年的新冠肺炎更像最後一根稻草。目前 Yuqui 僅存一個主要部落，就在小鎮下游一點的位置。

但別說部落了，連文化中心都像人間蒸發一般。我們四處詢問，有些人說這裡根本沒有什麼文化中心，有人說多年之前關閉了，也有人說只是搬到了小鎮外圍。我們沿著他們指示的方向，一路往鄉間田野走去，四周開始出現木板搭建的簡易房舍。我看到幾個婦人坐在屋子前簷的地上，再次上前詢問。

「你好，我們聽說這裡有一個『Yuqui 文化中心』，請問你們知不知道在哪？」

「那個好幾年前就沒有了。你為什麼要找文化中心？」

「喔，我們從很——遠的地方來。我們喜歡認識各個地方的人，看看他們怎麼在不同的環境裡生活。聽說這邊有 Yuqui 族，所以很想認識。」

「我們就是啊！」

眼前的婦人們圍坐在地上，旁邊生了一團火，火上正烤著魚，我毫不懷疑地相信她的話。婦人說她們是從部落搬到小鎮討生活的。原本部落與外界的聯繫都是靠獨木舟，但幾年前開始，因為周遭森林的砍伐與開墾，已經有土路可以連接小鎮了，很多人因此搬到小鎮外圍。我委婉地表達想造訪部落的念頭，聊到興頭上的婦人好像就要開口答應了，但突然表情猶豫了一下，說：

「如果你想到我們的部落，那要先問問頭目，他們同意才可以。」

「我們要怎麼找到頭目？」

「他們都在街上啊！」

「街上？」

「對，他們整天都坐在那裡！」

雖然婦人的話有點讓人摸不著頭緒，但我們仍有種得到破關提示的感覺。婦人並沒有說是哪條街，但我直覺是小鎮中央的市街，開始在街上打量每一個人。我發現，確實有一些人好像一直都坐在大街中央的樹下，而且再仔細偷看，他們確實有一些共同的外貌特徵：身材比較矮小、鼻子圓大、微微的鬥雞眼。

我嘗試搭訕與詢問其中一些人，沒想到一問，突然有很多人圍攏過來，每個都說他是頭目。就在案情陷入膠著時，一個大媽牽著一個孩子走向我們，坐在大樹旁的長凳上，示意我坐到她身邊。我看見她手中拿著一個編織到一半的精緻草蓆。

「我是頭目。」雖然每個人都這麼說，但她散發的氣場說服了我，「你是誰，為什麼要到我們的部落去？」

我再次說明來意。大媽面無表情地聽完我的話，直直看著我的眼睛，說：「但你要給我們什麼？你到我們的部落，可以給我們什麼？」這真是一個申論題，一方面我沒實際去過部落，對於部落的需求並不清楚；另一方面我內心最根基的信念是，人與人之間是平等互相的關係。分享是對等的，給予卻帶有上下的意味；我們很樂意分享自己所擁有的，但並不希望助長了上對下的關係。我一時之間無法用西語回答，大媽依然面無表情地閱讀我的沉默。

「我明天早上要回部落，你可以跟我一起去，車資一百五，你付。」聽到大媽突然決定帶我們回部落，我心裡相當高興。當然我也知道，大媽只是剛好，畢竟一趟包車對他們來說並不便宜，而我們可以付車資。

我一邊複述、確認大媽所說的，大媽一邊點頭，最後又說：「不過你今晚最好還是去跟總頭目打個照面比較好。」

/

中央公園北面的一條小街上，一棟三層樓房子座落在我們眼前，門口還有一盞美術燈。如果不是頭目帶路，我們還真不知道這個小鎮竟有這樣一棟豪宅。我們敲了門，應門的太太要我們稍候，不久一位男人緩緩走出來，站在柔和的燈光下。意外地，總頭目身材高大挺拔，而且五官也沒有我們在街上看到的 Yuqui 人常有的鬥雞眼。

我們說明來意。這段西文我已經講了很多次，順得很，總頭目邊聽邊點頭，表示非常歡迎訪客。

「到了村子之後，請你去找 Zoli，跟他說是我派你們過去的，他會接待你們，或許你們可以補貼一些生活費。」總頭目的西語字正腔圓，繼續對我們說，「請記得，絕對要去找 Zoli，不要相信其他人。」

我拿出筆記本把大頭目給的聯絡人名字記下，但心中卻對總頭目所說的感到有些疑惑。而且為什麼總頭目不是住在部落裡，而是在鎮中心，長得又跟其他的 Yuqui 人一點都不像？無論如何，至少拜訪部落的事拍板定案，我暫時放下疑惑，在心裡慶祝我們的「尋找 Yuqui」大地遊戲總算可以順利破關！

隔天一早，我們依約在大街上等待，但一直到接近中午，大媽始終沒有出現。

我們背包裡頭滿滿採買好的食物跟禮物（總頭目說他們最喜歡可樂），坐在大樹下，一方面心裡有些挫折，但一方面，過去在第三世界的旅行經驗讓我早就習慣這種情況，能夠輕鬆看待。就在我心裡盤算著下一步時，突然發現一群有著熟悉五官的婆婆媽媽從眼前經過。

我立刻上前詢問，果然，她們是從部落裡來的婦女血拚團，聽到我們的狀況立刻爽朗地說：「你們就跟我們一起回部落吧！」

劇情再度急轉直下，我們就這樣跟上了一部回部落的包車。在車上婆婆媽媽們對我們很友善，從她們的戰利品中拿出一包充滿人工色素與香料的糖果給我們，看來是要帶回家塞孩子的嘴。

車子出了小鎮後馬上跨過一條大橋，橋下滾滾黃河。過橋不久，車子就駛離公路，進入顛簸的土路，周遭先是大片種植古柯的綠色田野，後來慢慢變成原始森林。我們在蔭蔽的森林土路中不知道顛簸了多久，突然看見前方的森林打開，車子停了下來。婆婆媽媽們告訴我們，村子快到了，這裡是村子外頭的學校。有些太太打算在此下車，一個婦人就順便上來搭便車。

車子再度往前駛，廂裡又是一陣聒噪的交談，我可以感覺到她們正在談論我們。「你們就去住她家吧！」婆婆媽媽們突然對我們說，指著剛剛上車的婦人，「她很會煮飯。」婦人靦腆地低著頭，似乎不敢正眼看我們。

我們一口答應，選擇性地忘了總頭目的交代。

雨林也有薯

「吃過午餐後，我們就去釣魚吧。」媽媽一邊說，一邊把一鍋煮好的大蕉跟樹薯從火上拿下來，濾掉水後，混入事先炒好的洋蔥，然後就用一個空酒瓶在鍋子裡搗啊搗。

曲折的大地遊戲最終把我們帶到眼前的小家庭。爸媽其實相當年輕，跟我們年紀相當，但已有四個女兒：大女兒已經嫁出去，兩個上小學的會在放學後幫忙家務，最小的則成天黏著媽媽。

媽媽對我們的到來似乎有些矛盾的情緒，一方面開心於我們可以提供一些生活費，對家裡來說是一份收入；但另一方面，沒有跟外國人接觸過的她也很緊張，深怕招待不周。她在凌亂的屋子裡焦急地搬東搬西，嘗試幫我們清出一張床，我說：「沒關係的，我們都有帶睡袋、睡墊跟帳篷。」

我打量著這個高腳屋子，屋子分成兩邊，一邊是兩個房間，另一邊則是半開放的前廊，看起來也是主要的生活空間，地上堆滿待洗衣物、被單以及小女兒的娃娃，角落則有一個爐灶，簡單用幾根鐵槓架鍋炊煮。爐灶旁的料理台上，散落著一串剛挖出來還連在莖桿底端的樹薯、一串青綠色的大蕉。

這房子形式上是標準的雨林高腳屋，讓我意外的是，竟然是混凝土磚造。不只這棟，整個部落裡的所有房子都是統一形式，顯然是政府或外來組織幫忙建造的。

家戶的周邊都植有一些果樹，爸媽家有椰子樹、諾麗果、酸橙跟冰淇淋豆。外圍的叢林裡也有一塊一塊開闢好的園子，主要是栽種木薯跟大蕉，也有一些零星的玉米、豆子、木瓜跟鳳梨。在安地斯山上旅行好一段時間後再來到亞馬遜人的園子，對於來自副熱帶島嶼的我們來說實在是有種親切感。而且要偏心的我來說，我還是覺得熱帶地區的園子豐盛多了。

媽媽將搗好的薯泥裝盤遞給每個人，兩個女兒火速把餐桌跟小矮凳擺好，全家人一起禱告用餐。我嚐了一口盤中的食物，是這區亞馬遜人的主食，說穿了就是薯泥，但可以有很多變化：可以是木薯或大蕉，或兩者混合；可以是水煮的或油炸的，可以是純泥，也可以像媽媽這次做的，混入炒好的洋蔥增添風味。

木薯跟大蕉可以說是亞馬遜的飲食台柱，在我們後來的所有亞馬遜經驗中，雖然各地稍有差異，但這兩者始終不曾從餐桌上缺席。

雖然我也喜歡馬鈴薯，但在安地斯山地餐餐都吃馬鈴薯之後，在此與木薯重逢讓我格外感動。會說「重逢」，是因為我跟木薯有段特別的情誼。

剛到台東開始嘗試自耕食的生活時，因為農藝不精，而且田土貧瘠，什麼都種不出來，連番薯這種救荒作物都被山羌給吃光了。當時園子裡唯一成功活下來的就是木薯。它幾乎不太需要顧，唯一需要的是時間，春天種下之後，冬天才可以挖出來，但一定會給你滿滿的回報。我想像如果我是拓荒者，我一定會帶上這個忠實可靠的夥伴，這樣一開始青黃不接時至少有穩固的食物來源。那個時期的我廣植木薯，也餐餐吃木薯，就這樣跟木薯培養起了革命情感。

而我現在就來到了木薯的原鄉。人類栽培木薯的歷史正是從亞馬遜開始的，在玻國的亞馬遜區有一則關於木薯的傳說：

從前在一個遙遠的村莊有個特別的女孩子，她的皮膚是白色的，手指特別長。媽媽很愛護她，但其他的孩子都嘲笑她，因為她的白皮膚很容易晒傷，沒辦法到外頭玩耍或工作；過長的手指也軟弱無力，無法採集森林中的果實。女孩很難過，她多希望自己也能是一個有用的人。

這時，神聽到了她的祈求，出現在她的夢中，告訴她：「明天將會有一場雷雨，閃電會打在森林之中，你要找到那個地方，將你的腳埋入土裡。」

女孩依神的指示做後，土慢慢將她全身包起來，雨也愈下愈大，雨滴從她的頭頂滑落，但她一點都不害怕，慢慢地閉上雙眼，聽見森林中的鳥兒開始歌唱，一隻蜂鳥在她身邊飛舞。大雨過後，她的母親焦急地跑到森林裡尋找，他們循著女孩的腳印發現一株之前從沒見過的樹，那樹的綠葉就像女孩修長柔軟的手指。他們著急地將土挖開，卻沒有發現女孩，只找到了一根根粗大的塊根，剝開一看，竟露出了跟女孩一樣的白皮膚。他們知道那是女孩變成的，他們將那樹帶回部落，就種在部落周遭，而那樹也總是帶給族人豐盛的食物。

到了全球化的今日，女孩不只守護著她的族人，也守護了這個星球上，生活在熱帶地區的許多人。當然，也包含初到台東時的我。

相對於原生的木薯，大蕉（一種適合烹飪的蕉類品種）則是亞馬遜的外來移民。大蕉在被帶來南美洲後，立刻擄獲亞馬遜人的胃，在人類夥伴的助力下無孔不入地滲透了這座全球最大的熱帶森林。我們後來在其他亞馬遜地區的旅行中，發現在看似無人居住的雨林深處也都有野生的蕉群，跟當地朋友聊過才知道，因為過去叢林人是遊獵與遊耕的，居住過的地方一定種植蕉類，當人族離開之後，這些蕉族就在原處落地生根了。

我吃著盤裡木薯與大蕉混合的薯泥，亞馬遜的原住民與新移民，都在這片土地扎了根，植進了我的心田。

午後，爸媽帶我們去大河上釣魚。我們先駛獨木舟到一片河岸邊的芒草叢，爸爸舞著大刀砍下一些莖稈，從中抓出一隻肥蟲，原來是要拿來當作魚餌。爸爸一節一節地砍，我也一起幫忙，不一會就蒐集了一袋。

這裡的人釣魚不用魚竿，直接把魚鉤綁在魚線上，魚鉤穿過魚餌就甩拋入水中。只見爸爸才剛將餌拋入水中，馬上一個猛拉，一條魚就被拉上船了。我也如法炮製，不過第二尾就沒那麼容易上鉤，看來水下的魚兒已經發現，美食從天而降，案情必不單純。我們在大河上流轉，不斷轉換漁場，尋覓著被食欲沖昏頭的魚兒。忙了一個下午，釣到七隻魚後媽媽才宣布收工——因為她堅持晚餐要每人一隻魚！

回到家中，兩個女兒接過我們帶回來的漁獲，到外頭把內臟挖除，雞群在一旁爭奪著大餐。回到屋內後，女孩們又將水果刀抹上一點油，開始切剝大蕉。綠色的生蕉皮有一種非常黏手的白色乳汁，但因為是脂溶性的，只要抹油就能輕鬆去除，這是每個叢林人都知道的祕密，就連讀國小的女孩們也不例外。

女人們忙著準備晚餐的同時，爸爸趁著最後一點夕陽的光線，揮著斧頭劈柴，不一會就抱著一堆木柴回來，爐火更旺了。

晚餐一樣是吃薯泥，不過多了煎魚可以配。爸爸又到園子裡採了些香茅，沖了點香茅熱茶，然後加了很多糖。低價過量的油、鹽、糖，跟天然野生、產地直送的食材，都是當代雨林人的生活現況。我想，健不健康的評斷也只是我的一廂情願。

生命之河

男人手中拿著一組短小、像玩具般的弓箭，很生氣地瞪著我們；我六神無主，不知該如何應對。

事情的起源是在一大清早，和煦的陽光從斜角射進高腳屋內，橙光就照在坐在爐灶旁切大蕉的媽媽臉上。我上前幫忙，媽媽隨口說起想帶我們去拜訪她的一位表弟。他是個優秀的獵人，會自己做弓箭，如果我們喜歡的話可以跟他買。我確實對雨林人如何製作弓箭狩獵相當有興趣，但我跟媽媽說，弓箭對我們來說太大了，不方便帶著旅行。

用過早餐的薯泥後，媽媽就帶我們到表弟家。一個矮小的男子坐在爐火邊，正烤著一枝短箭的箭頭，牆邊還倚著幾把看來頗有歷練的長弓與箭。

男子跟我們展示他的狩獵工具，在亞馬遜雨林裡，雖然各族群的弓箭都不大相同，但常見的材料是一種木材為黑色的棕櫚樹。這種木材出奇地硬，他們的弓及箭頭都以之製成，再配上芒草稈作為輕巧的箭身，一枝箭同人一般高。箭頭的部分會依據狩獵的對象做成不同的形狀，男人說他每次出獵都會帶好幾枝箭，依據遇到的動物種類來選擇使用的箭。

男人將他手中烤好的短箭，配上一把迷你的短弓，交到我的手裡。

「這是你們的，四十塊錢！」他說。

我有點摸不著頭緒，媽媽在一旁解釋說：「你不是說你們不方便帶大的東西？所以我請他做了一把小的！」

「喔。」我停頓了一下，心裡想著媽媽也應該先跟我說一聲吧，最後決定將弓箭交還給男人，說：「不好意思，我們不打算買這組弓箭。」

男人的態度轉為惱怒：「都已經做好了，你們不買，我怎麼辦！」旁邊的另一名婦人也幫腔：「你們怎麼可以這樣？所有外面來的人一定都會買！」我一開始只是想表達這些東西真的不適合我們，其實透過一些消費支持在地經濟我們也很樂意，反倒是現在用強烈的情緒壓迫我們購買，讓我們有一種被剝奪感。

當下氣氛緊繃，突如其來的衝突也讓我們十分慌亂。我最後給了男子一些小費，說：「謝謝你的解說，但這組弓箭我們真的沒有打算帶回去。」

因為這個小插曲，我們心情也受到一些影響，媽媽似乎也很抱歉。我們並沒有怪媽媽的意思，當然也不怪那個男人，就像婦人說的，這無形中已變成一種慣例，是整個社會背景運作的結果，我們每個人充其量只是被水沖流的石頭，互相推擠。是非對錯常常是每個人從自己的生命經驗出發、以自我為中心的判斷，我們更需要的是跳脫爭對錯的執著，嘗試理解彼此。然而，我心底那些不舒服的感受也是真實的，我需要一些時間跟空間去梳理。

可能是為了轉換心情，媽媽說要帶我們去河邊，剛好家裡也有很多待洗的衣服跟床單。女孩們聽了非常興奮，出發前還拿了一顆已經微微洩了氣的皮球。我們穿越家屋旁蔭蔽的叢林，來到開闊的河岸邊。

早有其他婦女在河邊洗衣，大家都聚在一艘獨木舟旁，衣服放在船裡，人就坐在河中洗衣服。這大概也是婦女們的八卦時間，男性們自動退散。爸爸走到岸邊，砍下粗長的芒草莖稈，快速搭建好一長排的晾衣架後就先回家了。我發現這種雨林河岸旁的芒草真是多才多藝，可以長到兩、三層樓高，釣魚時可以拿莖稈中的肥蟲作餌，製作弓箭時也拿來做箭身，而現在又可以當成建材。

女孩們拉著我們在河岸的沙地上踢足球，雖說是遊戲，但孩子們都很認真。我跟小魚也跟著起了好勝心，在兩邊用木頭標記的球門間來回追跑，最後四個人都累倒在沙灘上。滿身熱汗的我乾脆直接跳進河裡，洗澡兼洗衣。

這時又來了一群男孩子，在一旁玩起跳水，我看得出來兩個女孩子很想加入，便慫恿她們一起。孩子們從遠邊助跑、衝刺，然後高高躍起、縱身入水，濺起大片水花。他們顯然都是這個遊戲的老手，有些還可以後空翻入水。

對這些雨林裡自由長大的孩子來說，快樂非常簡單，這條河就是他們最好的遊戲場，不論何時都能毫無顧忌地跳入水中，這些回憶都會成為他們長大之後豐碩的心靈資產吧！看著孩子們在河邊開心地玩耍，也讓我們的心情如雨後的天空般澄澈。

「其實應該也是溝通上的落差，我沒有一開始就明確地跟媽媽說我們不買，而是比較委婉地說太大了。」我跟小魚又聊起早上的事。

「或許之後再遇到這種情況，我們可以改問他願不願意教我們射箭，或者帶著他的弓箭一起去雨林裡走走。」

「對耶，這樣我就很有興趣，他也可以有不錯的收入。」

我躺在河岸邊，身體一半在水中，一半在沙岸上。陽光照在水面上的肌膚，暖洋洋的。河水拂過身軀，所有沉積在心底的汙穢都跟著流水遠去，也淘走了一些身下的泥沙。沙地上慢慢凹陷出微微的身形，柔軟地承接了我。

/

回家時，穿梭在雨林小徑間，女孩們走在我身邊，問我們什麼時候離開。我說：「再過幾天吧！」女孩牽起我的手，說：「真希望你們不要走。」

孩子們的情感表達總是直接而當下，讓我心裡暖暖的。希望我也能一直保有愛這個世界的純粹之心。

最後的晚餐

我們最終還是想起了總頭目的交代。趁著禮拜天，爸爸媽媽說今天是休息日，我們決定去拜訪當初總頭目給我們的介紹人。

我們四處打聽 Zoli 的家，到接近時，遠遠就聽到高分貝的熱情拉美音樂，空氣及周遭的森林都跟著一起打節拍。似乎有許多人聚在屋外，我正躊躇該如何自我介紹，就有人出來招呼我們過去，幫我們拿了椅子坐下，好像早就在等我們了。此時女主人正在屋裡忙著料理，我一問，原來今天是家裡孩子的慶生派對。

原本我以為總頭目給我們的聯絡人會是個長者，意外地，Zoli 相當年輕，約莫二十出頭，但聽說已有多位太太（孩子更不計其數）。Zoli 本人相當帥氣，有一種難以言喻的自信風采，但並不多話。他拿出冰過的兩公升裝大瓶可口可樂，問我喝不喝。我笑著點頭，他立刻用免洗塑膠杯倒了滿滿一杯給我，然後繼續幫其他人倒可樂。

「你們怎麼會跑去那邊（指接待我們的爸媽家）？」坐在我一旁的婦人穿著連身洋裝，接過 Zoli 給的可樂後，用高音高分貝對抗周遭震天的音樂對我說。

「你們應該要聽總頭目的話，一到部落就來找 Zoli！」婦人感覺是個直腸子，用指責的語氣繼續說。

「他們有給你們東西吃嗎？」我回說我們天天都吃薯泥，婦人露出一臉的輕蔑。

「他們沒給你肉嗎？」

我還來不及回答，女主人準備好要上菜了。她拿出一疊免洗塑膠餐盒，裝好一份一份後親手遞給每個人，餐盒最底下是幾根水煮的木薯，上面放了好幾塊紅棕色、油亮肥美的烤肉，跟一大叢萵苣番茄生菜沙拉。可樂又轉了一圈回來，在炎熱的正午陽光下，每個人都搶著把杯子裝滿。

我問Zoli餐盒裡是什麼肉，他說是山肉，並示意了一下屋子的方向，露出自信的笑容。我看過去，一把步槍靠在牆邊。

此時一台車子從遠方駛來，我原以為又有村民包車從小鎮回來，沒想到車子繼續開進了一旁的空地便熄火。一個男人下車，是Zoli的表弟。原來他們家還有車啊。眾人繼續眼前的派對，音樂震耳欲聾。

我有點茫然，不知道大家都是怎麼在這麼吵鬧的環境下聊天的。人群中我跟女主人對上眼，她對我笑了一下，指著烤肉架，看來是想幫我再盛一些。我沒有理由拒絕，那肉確實烤得香嫩可口。

那天晚上回到家裡，媽媽似乎身體不大舒服，躺在床上跟我們說：「今天我有點累，沒辦法煮飯，晚餐我們簡單喝個熱茶，好不好？」

後來回想起來，當時的我可以提議由我們來煮，畢竟家裡還有一些食材，幾天相處下來也大致掌握了他們的烹調習慣，兩個女孩也可以一起幫忙。但當下沒想到，只覺得媽媽的身體狀況一直不好，常常咳嗽或頭痛，應該要好好休息一下，我說：「沒問題，如果很不舒服的話，我身上有一些藥，待會拿給你。」

倒是此時我突然想到，前幾天村裡的一戶人家請我跟小魚吃煎餅，餐盤還沒還回去，而我們明天就要離開了。雖然也可以請媽媽之後代還，但總想親聲說句謝謝。我們跟媽媽說了一聲便夜出。

回程的半路上，經過一棟閃爍著微弱燈光的屋子，屋裡的人呼喊我們過去。一進入屋內，一家人正圍著火上的一只鍋子。太太顯然在烹煮晚餐，先生則示意我們坐到身邊，想跟我們聊天。他對我們的到來非常好奇，說幾年前很常有外來組織到村子裡進行各種計畫，不過新冠肺炎後就沉寂了好一段時間。他們一家人是今天晚上才剛回到村子裡的，先生現在大部分的時間都在城裡工作。

「你們吃過晚餐了嗎？」先生問我。

我誠實地說還沒，但也不知道該不該解釋，今天家裡並不打算開伙。

先生沒有多說什麼，但我發現太太默默從身旁的塑膠袋裡多拿出幾塊雞肉，加進早已滾沸的湯中，又打開一袋義大利麵條，折碎後丟進去。先生繼續跟我們聊天，話題已經輪轉到他在城裡接觸過的中國商人。

突然，我們又聽到呼喊聲，這次是從外頭傳來。我們很快就認出是家中女孩們的聲音，顯然是在找我們。女孩說：「媽媽很擔心你們，她已經煮好晚餐了，你們快點回家！」我們只好匆匆告辭。（小魚後來跟我說，她當下覺得扼腕，差一點就可以吃到雞肉湯麵了！）

回到家裡，餐桌上早已盛好一盤盤香噴噴的炒米飯，上頭還有炸大蕉薯塊！我還搞不清楚狀況，不是說今晚不開伙了嗎？怎麼突然又有了晚餐，還生出米飯這種家裡罕見的東西？媽媽只帶點責備的語氣問我們怎麼出去這麼久，也沒多做解釋，好像先前說的「熱茶」只是一場夢。不過媽媽的身體看起來好多了，我們也禁不起香氣的誘惑，先開吃再說。

後來我們猜想，應該是因為媽媽看到我們外出，還很久沒有回來，擔心家裡沒煮晚餐招待客人的事會傳遍全村；再加上頭痛藥奏效，身體比較舒服了，所以改變心意準備一頓好料。那米很可能是臨時去跟鄰居借或買的，因為家裡並沒有米。

雖然我們在部落待的時間不長，但可以感受到非常明顯的貧富差距，以及人際間的嫌隙。Zoli 這一邊，顯然過著優渥許多的生活，家裡有獵槍、音響、冰箱、汽車，物質條件上相當現代化；接待我們的爸媽這邊則相對拮据。而且兩者彼此間懷著輕蔑與嫉妒的情愫。我突然想到，或許一開始搭車進入部落時，車上的婆媽們要我們去住爸媽家並不是偶然。他們是刻意想打破總頭目的分配，要我們翻開雨林底層貧瘠酸性的泥土嚐一嚐，而不是只看著地表上那豐碩茂密的濃綠。

回想起來，Yuqui 部落接觸現代社會也是最近六十年的時間而已。我想大部分的組織確實是出於善意與部落互動，然而一旦有現代資源進入，就可能會出現分配不均的問題，而在人性使然下成為隱性的社會問題。原本單純的線，只要一個不注意就可能糾結成解不開的團。

我們在清晨天未亮時就戴起頭燈走出村莊，趕上一週一度學校老師進村的包車。短短幾個小時的車程，我們就再度回到鎮上，大街依舊熱絡，賣著各種小吃的攤販遊走在街頭，車掌大聲叫賣著車票，我們卻感覺像是從另一個世界回來。初入亞馬遜部落的經驗稱不上美好，人類歷史長流濃縮在一個小小的村裡，像漩渦一般繞呀繞，我們在其中親身游了一遭。

就在我們買好巴士車票，等待發車之時，突然一個牽著孩子的婦人朝我走來，我一看，竟是一開始說要帶我們進部落的大媽。

我先開口打了招呼，告訴她我們後來的際遇。大媽看起來面無表情，只是靜靜地聽著，但又似乎有什麼話在凝重的空氣中醞釀。「那天我們在這裡一直沒等到你，你去了哪呢？」最後我問了她，其實只是想把話語權交給她。

「我必須去工作，我接到一個附近農場採收古柯葉的工作。」

「我的孩子生病了，你可以給我點錢買些食物給他吃嗎？」

［安地斯 Andes］

高原之海

旅遊是門好生意

我們費了一番勁，才把兩個人跟兩大包行囊塞進一輛嘟嘟車的後座，車子駛進一條塵飛土揚的鄉間小路。四周盡是黃澄澄的麥田、高聳稀疏的尤加利樹林，林子裡一幢幢方方小小的土房子，偶爾有些趕著綿羊的老奶奶從林裡鑽出來，不疾不徐地穿過黃土路面。爬上小山頂後，視野瞬間開朗，兩片大藍如卷軸展開，上層是明亮的天藍，下層是深沉的水藍。

再度回到安地斯中心的高原上，我們來到了這個地球上海拔最高的可航行水體：的的喀喀湖，湖面深廣不見彼端。一脈相連的土地，此處卻被切分為秘魯。相較於之前玻國高原爺爺奶奶的家，這兒沒有湖水乾涸的問題，許多村落倚大湖而生，人們的生活與水相當親近。

也因為風光旖旎以及環境相對親人，的的喀喀湖成為安地斯山上最負盛名的旅遊景點之一。最早居住於此處的人們以生長在湖濱的一種蘆葦編織成舟船，在湖面上移動。他們甚至將這種蘆葦編織技術更進一步擴大，編織成可以居住的浮島，島上的房子都是用蘆葦編成。然而在今日，人們都住在陸地上，而湖中的蘆葦島就變成用來接待遊客的觀光景點、民宿。

突然來到這種熱門的旅遊景點反而讓我們一時之間手足無措，好處是這個區域的網路資訊相對發達，我查到附近有多個社區，村民們自動發起接待組織，讓村裡的各個家庭輪流接待外來遊客。但因為這幾年全球疫情的關係，這些組織似乎停擺很久，網路上的最新資訊停留在二〇一九年，電話號碼也始終是空號。我們決定採用一貫的旅行步調，憑感覺挑個村子，直接去走走，看看會不會有奇遇發生，反正我們身上總是備著帳篷跟食物。

「你們要到村子的哪裡？」嘟嘟車從山頂慢慢往下滑時，司機大叔回過頭來問我。

「我也不知道。不過我聽說村子裡有些接待家庭，你有認識的嗎？」

司機大叔若有所思地點點頭，我安心地把命運交給他。

說起來，跟司機大叔之間也是一種奇遇的緣分。抵達城鎮廣場的時候，我跟小魚很有默契地分頭，我到附近的小攤商補給一些乾糧跟水果，小魚則去詢問車子。廂車的司機們都因為沒有湊足乘客不願意載我們，直到小魚跟這位嘟嘟車的司機大叔對上了眼，一報出我們要前往的村名，司機就說他正巧是該村村民，非常願意載我們一程。

大叔帶著一種下班回家的愉悅心情，一邊開著車，一邊跟我們介紹沿途的村名。經過一段湖岸，可見湖中有一座小島，像隻巨大的海龜浮在水面上，大叔說那島叫Ticonata，我在心中默念，努力記下拼音。巨龜很快就離開視線範圍，取而代之的是一望無際的湖水裡頭點點的小船。

突然間，車子在一棟新穎的兩層樓房舍前停下來，屋子牆面漆成明亮的紅色，在這小小的鄉村裡顯得格外突出。我心裡隱約感覺不對。

司機大叔進屋子裡呼喊一聲，一個爺爺就出來招呼我們。爺爺帶著一臉過度親切的笑容，帶我入內參觀。原來整個屋子是新舊兩代的複合體，以原本的土磚屋為基礎，再以水泥擴建。原本的土磚房現在看起來是當倉庫之用，而水泥屋體有兩層，一樓是家人生活的空間，二樓後則有另外幾間特別整理好的房間，裡頭擺了床跟桌椅，床和桌上都鋪著精緻圖紋的安地斯風格織布。面外的牆是整片的落地窗，正對著湖光天色，整個房間雖稱不上寬敞，卻相當明亮，顯然是個設計有方的民宿。爺爺接著跟我說明他們可供三餐、如何收費等等。

我心中陷入糾結。其實我無意找專做觀光的民宿。我總是希望能夠貼近當地人的真實生活，尤其是那些真正在土地上生活，與土地有強烈連結的人們。住在渡假套房裡被奉為賓客，雖然舒適，卻會讓我感到隔閡。

然而我發現，表面上我跟自己說，保持開放的心讓奇遇發生，實際上，我反而被自己對「奇遇」的既定想像限縮了。我總是幻想著能在鄉間小路上，與哪個爺爺或奶奶不期而遇，相談甚歡，然後被帶回家，擠在一個家徒四壁的小屋子裡，一起生活、一起工作，分享一切。但如果所有際遇都照著這個劇本走，那又怎麼算是「奇」遇？「奇」不正是預料之外？

我心裡一開始那個「不對」的感覺似乎源自一種偏見，認為呈現在觀光客面前的東西並不真實，但做民宿的人也有他的生命故事，觀光經營本身也是一種與土地的相處之道，不是嗎？

爺爺看著陷在思緒中的我，似乎不解我對房間哪個部分不滿意，畢竟這應該是這一帶最現代化的房子了。爺爺赤著腳，腳上滿是土乾掉的泥痕，而在爺爺身後的遠方，奶奶坐在屋後正對著湖水的泥土地上，低著頭不知道在做著什麼農產加工的活。眼前的樸實感讓我心裡放鬆不少，緣分帶我們來到此處想必自有安排。我們決定，就這麼住下來吧！

/

爺奶是世居在這大湖畔的農家子弟。這裡因為有水灌溉，農作相當發達，除了各種莊稼，家裡也養了幾頭牛跟一群綿羊。爺奶有三個兒子，大兒子跟二兒子都已經成家移居到城裡，大兒子在旅行社工作，二兒子則是建築師。現在只有最小的兒子還住家裡，但也有自己的事業，他買了艘小船在湖裡圍網養魚，定期會載漁獲到鎮上的廣場賣。

我們坐在地上一起幫忙處理最近採收的農作，奶奶一邊聊起幾天後會有一群法國遊客來，騎越野單車環湖後到家裡用餐。我突然會意，原來爺奶會經營這個民宿，正是兒子們的主意：二兒子幫忙蓋了這棟漂亮的房子，大兒子則利用旅行社的管道找客人。爺爺拿出印刷精美的名片給我們，上頭放了民宿美美的照片及湛藍的湖濱風光，右下角的聯絡人正是大兒子，爺奶其實不大會用手機。

午餐奶奶說要做炸肉。在經歷了一段雨林之旅後，我也很懷念高原食物，尤其是記憶中那炸得多汁、熱騰騰、嚼勁十足的羊駝肉。雖然此時此地已經不若彼時寒冷，但忙了一個上午後，我們都已飢腸轆轆。

我們跟著進廚房，奶奶拿出一大盆待炸的肉，我一看，竟是魚。原來奶奶的炸肉不是我們之前熟悉的羊駝肉，而是鱒魚肉，這才是大湖居民最主要的蛋白質來源。奶奶說魚是家裡養的，就在我們剛剛在院子裡工作聊天的同時，小兒子已經駛船到湖裡的魚圈，撈了幾條上來。奶奶將魚肉切塊，然後到外頭採了一些青草調成醬汁，將魚肉醃起來，再放進油鍋裡半煎半炸，不一會就可以上桌了。

爺爺拿來一壺熱水，到外頭採了些花草，沖茶佐餐，有我熟悉的安地斯薄荷，也有些我還不認識。奶奶邊吃邊跟我們聊著她的思緒，幾天後接待法國賓客時，要再做炸鱒魚肉呢？還是做最近採收的藜麥濃湯？我已無心思考，香氣勾引著我把臉埋進餐盤裡，心懷感激地吃下熱騰騰的食物，感受到生命的能量流經每一條血管、進入每一個細胞。回想來到此處的風塵僕僕，一路上所見的大片田園跟湖水，如今都化成眼前的這盤水煮馬鈴薯配炸魚肉。

我想，不管爺奶的生活如何轉變，餐盤一直都會是地景的縮影。

馬鈴薯凍乾的祕密

七月，南半球之冬，高原正式進入冰凍的季節。然而這也是公認最舒服的時節，因為是乾季，又位於高海拔，日間總是有非常奢侈的日照，讓大湖邊每天都是風光明媚。此時的大地是一片黃澄澄的，麥稈乾黃，馬鈴薯的植株也枯萎，土裡的薯塊正肥大。村子裡，家家戶戶的院子都鋪上大片的塑膠帆布，上面放滿剛採收的馬鈴薯，任其在外日晒夜凍，這是製作馬鈴薯凍乾的必要過程。

或許是感應到我們很喜歡參與農事，加上最近又是農產加工的季節，奶奶每天都呼喚我們跟她一起坐在地上處理凍乾。她甚至找來一個朋友一起幫忙，中午就在家裡一起吃。奶奶說：「這叫 minca，你懂嗎？」我想起我們來到安地斯山地的第一天就被抓去參與了 minca，原來 minca 存在各種不同的形式，並不一定要社區整體的參與，三兩好友之間也行，重要的是互助分享的精神。

馬鈴薯凍乾自從我們抵達高原之後就不曾在我們的餐盤裡缺席，不論是乾的或湯的，它以各種形式在安地斯民族的日常飲食中占有一席之地。在玻國高原時，爺爺也跟我分享過做法，只要將馬鈴薯放在室外，夜間的寒氣讓馬鈴薯結凍，水結成冰後體積脹大撐破細胞壁，待隔天的豔陽再將結凍的馬鈴薯融化，質地就會變成像吸飽水的海綿。這個原理不難理解，但當時我們成天坐在田裡挖馬鈴薯，從來沒有看過它真正變成像海綿的樣子。

沒想到它現在出現在我眼前了。

奶奶從地上拿起一顆軟趴趴的馬鈴薯，用力一擠，那薯像水球爆開，冰水從奶奶緊握的指間流出。接著奶奶輕鬆地替已經擠去水分的馬鈴薯剝去鬆垮的外皮，然後拾起下一個馬鈴薯。原來當時爺爺講得很簡單，但真正做起來也是很「厚工」的。

我如法炮製，跟著奶奶一起坐在地上，享受擠爆馬鈴薯的快感。此時，我突然發現帆布上的馬鈴薯有的黑有的白，這顯然不是馬鈴薯原本的顏色。

奶奶看穿我的心思，帶我去看另一區有個小水窪，裡頭滿滿的馬鈴薯，看起來像在舒服地泡澡。

奶奶解釋，馬鈴薯凍乾的製作方法也有許多變化。一般的凍乾因為暴露在空氣中，會氧化變成黑色，但如果在製作過程中泡水（通常適合在湖邊或河邊的聚落），可以避免與空氣接觸，最後完成的凍乾會非常白，煮起來的口感跟味道也很不一樣。白色凍乾在各地都有不同叫法，但其中一個通用的名字，是一般黑色凍乾的西文陰性變化。換句話說，就是說它是皮膚白皙的女孩子，比較漂亮啦！

「但你去外面買白色的凍乾要特別小心喔，因為現在有些壞人會用漂白水洗白。」奶奶特別提醒我，看來食安是當代全球的共同議題。

奶奶突然起身，說要趁中午的豔陽處理藜麥，很重，要我幫忙搬。奶奶將藜麥放在石磨基石上，潑些水將穀子打溼，雙手搖起了石磨，穀子的外殼在碾磨的過程中脫開。

說到藜麥，它在台灣有個遠房親戚，叫做「台灣藜」，因為常見是紅色的，又稱為紅藜。但其實台灣藜的品種就像安地斯的藜麥一樣，是有多種顏色的，紅、黃、紫、黑都有。

在台灣有一次上山時，我特地帶了紅藜要煮紅藜飯，沒想到煮出來的飯非常苦。那次之後我才知道，紅藜或藜麥這類的作物表面含有皂素，炊煮之前必須多洗幾遍。但在南美洲的市場，我們很常買裸裝的藜麥回家自己煮，從來沒有苦味。原來原因就在奶奶正在操作的藜麥處理方式。

奶奶在大盆子裡注入滿滿的水，將用石磨溼磨過好幾回的藜麥倒入水中。因為浮力的關係，藜麥穀粒本身會沉在水下，已經被脫去的外殼則會浮水而分離，水的表面還因為穀粒所含的皂素產生許多細細的泡沫。奶奶就這樣搓揉換水、反覆好幾遍，直到將外殼全部去除，而這個過程也剛好將穀粒表面的皂素洗去。最後奶奶拿出了一塊彩豔的花布，攤在地上，將洗好澡的藜麥全攤開來晾晒，剩下的工作就交給太陽。

我和奶奶又坐回馬鈴薯地毯前，開始無止境的擠馬鈴薯水球作業。

我突然想起，兩個月前，我正是坐在這片高原另一隅的土地上，挖著埋在土裡的馬鈴薯。雖然轉換了一個空間，但當時手裡掏出來的那些薯塊，如今好像都變成了眼前的凍乾。而當時帶著我挖薯的爺奶，如今也變了裝，但仍繼續教我怎麼將鮮薯製作成凍乾。

我其實很享受土地生活的時節感。當你在一片土地上真正地好好生活，你會知道雖然日復一日，但同一個地方，每天都有細微的變化。這些改變積存成節氣與四季，在不同的時節有不同的勞作、不同的味道，人的生活與生理也會隨之更迭。春天在田裡揮汗工作累積的鹽巴，在夏天到溪裡抓魚洗掉；秋天上山採集的藤竹，成了冬天坐在火邊時手中的編織材料。

在決定開始這趟南美旅行之初，我心底有一種隱性的抗拒，我不希望離開我生活的土地後，這種大地的時節感會從我的身體抽離。

但結果並沒有。旅行之初，我們在土地上採收馬鈴薯、割麥稈，兩個月之後，我們開始製作馬鈴薯凍乾、洗曬麥穀（在更後面的旅程，我們還會經歷開墾、種植等等）。我其實杞人憂天了，不論我們如何旅行，根本不可能脫離土地與時間去生活。我們雖然不斷在轉換空間，但土地的時節感，終究如如來佛的五指山，默默跟著我們，將我們緊緊包覆。

就連我們身邊的人也是，看似來來去去，不同的面孔不斷輪轉，但對我們的善意始終相同。好像脫去面具之後，他們都是來自這片土地的神靈，給予我們祝福與指引。

我望向遠方的湖水，想起這陣子吃的各種魚料理。在土地上的移動讓我們的餐桌不斷變化，而與各種作物的互動又串起了時間。我發現自己的身體裡，烙著深深的土地與時間的印記。

爺爺正在不遠處，用力地揮杆打著堆成小山的大麥稈子。他發現我兩眼出神地看著他，大聲對我呼喊。幾天相處下來，我發現爺爺那種過度親切的笑容，其實是他的樂天本性。

「你們怎麼比我還像老人！像個年輕人，去外面走走吧！」他對我大喊。

奶奶的家常乳酪

安地斯山地的民族，在經歷過西班牙人的殖民後，飲食上最大的歐化特徵應該就是麵包跟乳酪了。雖然今日全球的麵包與乳酪製作工藝已經發展得五花八門，但這裡仍保留著原初而單純的型態。

鄉村地區幾乎家家戶戶都會有一個烤麵包的土窯。就算在都市裡，賣麵包的小販也會在傍晚時分從街頭巷尾冒出來，帶著一個個大藤籃，裡頭全是剛出爐熱呼呼的麵包，上頭還沾著少許炭灰，用一條布蓋著保溫。仍有許多鄉村地方會自己用石磨磨麥，最常見的是一款樸實單純的小圓麵包，沒有任何調味，吃的是純麥香與飽足感，對當地居民來說是副主食的角色，每一餐都可以拿出來配。

晨昏之時，市場裡也會聚集非常多從鄉村來賣酪產品的婦女。有的就提著一個大水桶兜售，裡頭是鮮擠的生乳，客人來買時就拿出套了兩層的塑膠袋，用量杯舀。我們剛開始也入境隨俗，後來為了減塑，也覺得僅包兩層的塑膠袋不牢靠，買的時候就自備漏斗跟寶特瓶，常惹得周圍小販圍觀。除了生乳，也有乳酪，通常做成圓餅狀，上頭印有美麗的紋路。這些乳酪因為都是私家產的，並沒有統一的標準，通常風味不錯，但鹹度差異很大。

對很多都市人來說，麵包與乳酪是家中的常備糧，下班後順路經過市場，就會帶些回家。在安地斯山地可以很明顯地感受到，鄉村地區像是都市的大動脈，廣大都市人口的飲食都直接仰賴周遭的農家提供。

家裡最近剛生一頭小牛，奶奶每天早上都會去擠乳。在我們要離開的前一天，她聽到我們對做乳酪有興趣，馬上又在傍晚去額外擠了一桶，說要在晚餐後一起做乳酪。

乳酪的製作原理不複雜，我常跟市場裡賣乳酪的婦人討教，但仍未親手操作過。根據這些阿姨們的說法，乳酪的製作方式跟豆腐很像。豆漿加入鹽滷或石膏作為凝固劑後，就會凝結成豆花，再用模具壓去水分，就成了豆腐。乳酪也是，鮮乳加入凝乳劑就會初步凝結成凝乳。凝乳跟豆花有異曲同工之妙，本身就是很討喜的街頭小吃，也是小魚最愛的南美洲點心；只要再進一步加入鹽巴、壓去水分，就會成為乳酪。

但這其中有個關鍵的問題：凝乳劑到底是什麼？很多人說藥局就有賣膠囊，但乳酪的製作在這片土地至少有四、五百年歷史，那時應該還沒有膠囊不是嗎？

奶奶拿出一個小小的白色提桶，一打開，一股說不上臭，但也不太好聞的動物腥味直衝出來。

「這個是小牛的胃，後面比較小的那個。」

奶奶說的，其實是牛科這類反芻動物的第四個胃部，皺胃，是真正具有可以分解食物的消化液的地方。

這正是關鍵。小牛以媽媽的奶為主要食物來源，所以小牛皺胃裡的消化液含有一種用來消化鮮乳的酵素，可以將鮮乳凝結、分離。雖然人類的整體知識庫發展至今日，我們已經知道各式各樣的凝乳方法，但奶奶這種取用牛胃的做法，據說就是乳酪的起源：早期阿拉伯人以動物的胃袋作為攜帶式容器，一次因為裝了鮮乳，與胃袋中殘留的消化酵素作用，變成凝乳，人們因而發現乳酪的做法。

這樣說起來，乳酪其實是鮮乳消化過程的中間產物，或者說白一點，就是小牛在喝了牛媽媽的奶後，肚子裡的胃糜。我突然想，因為家裡有了小牛，所以才有這些牛奶；但為了製作乳酪，把小牛的胃拿出來，小牛不就死了嗎？

奶奶可能覺得我的問題很好笑，「這個胃不是我們家的小牛啦。去市場宰牛區買就有啦！」

奶奶將生乳放到火上微微加熱，到燙手的溫度就關火，撈起一些浸泡牛胃的水倒入鍋中，輕拌一下。靜置不到半小時，原本的鮮奶已經凝結成雪白的乳花，漂浮在清黃的乳清湯汁裡，這時就可以將凝乳撈出來。剩下的乳清，奶奶會倒回原本浸泡牛胃的水桶中，之後要做乳酪可以再重複使用。

小魚一邊拿著手機拍，一邊口水已經忍不住流下來。奶奶似乎發現了，問我們想不想吃，小魚立刻猛點頭。奶奶笑著拿出一個漂亮的紅褐色陶碗，將原本要繼續做乳酪的凝乳撈出一大碗，像鮮濃水嫩的豆花一般遞給小魚。小魚吃得心花怒放，但我發現，奶奶好像比小魚更開心。

「我的小孫女也很愛吃這個。」奶奶一邊說，一邊叫爺爺拿出手機，有點手拙地找到上次大兒子全家回來的照片。小孫女住在遠方的城市，偶爾才回來，一回家，爺奶就會帶她划船到湖裡撈魚、在田野間牧羊、拿出當季自產的食材做各種料理，而小孫女最愛的就是這香濃的凝乳。

「你們很好，什麼都能吃，就像我的小孫女一樣。」奶奶笑著繼續說，「很多來家裡的外國人，什麼都不吃，只吃沙拉，也從來不進廚房幫忙。」

因為貪吃而被奶奶稱讚讓我們有點不好意思，但我也可以理解奶奶說的。在旅行業工作的兒子把家裡打造成民宿放上網路，爺奶只要兒子一通電話來就準備接待賓客。然而旅人百百種，每個人旅行的樣態都不相同。有些人關注的是挑戰與冒險，騎單車從美洲最北的阿拉斯加到最南的烏斯懷亞；有些人關注的是觀光與旅遊，蒐集知名景點打卡；

也有些人喜歡的是拓展交友圈，成天窩在背包客棧跟世界各地的旅人聊天。這都只是不同的選擇，不管你選擇什麼樣的旅行方式，你都會寫下自己的故事。

對我來說，我喜歡這些親近土地的事物，在異文化中親身去生活，讓我感受到土地活生生的心跳。而這些共勞共食的生活經驗，更讓我們能夠很輕鬆地化解語言與族群的隔閡，與萍水相逢的當地人產生家人一般的連結。我總會想起，布農族語裡稱家人為「同一口爐灶」，換句話說，所謂的家，就是透過每日的共食行為去聯繫的社會關係。畢竟進食是人類延續個體生命的方式，一群一起吃飯、吃同一鍋飯的人，勢必會長成某種生命共同體。

如果進一步將家族擴大為民族，食物也順理成章地變成一種族群的文化標誌，是集體的身體記憶與情感認同。

奶奶說，在這個村子裡，乳酪正是這樣的食物之一。這種初製的乳酪放到水裡煮後，會產生彈牙的絕佳口感。所以當地會以各種香料、蔬菜熬湯，最後加入切塊的乳酪，煮成濃郁的乳酪湯，是結婚之日夫妻必須共吃一碗的儀式性食物。

奶奶將剩下的凝乳放入用蘆葦草編織成的圓形濾水模具，原來市場裡看到的乳酪，上頭的線條紋路正是來自這種編織容器。塞滿凝乳、加入鹽巴拌勻後，奶奶用湯匙將凝乳盡量壓實，乳清從編織容器的底部流出。最後放上一塊板子跟一顆石頭，如此重壓、脫水一個晚上，明天就有新鮮的乳酪了！

「明早你們出發之前，我們做乳酪湯當早餐吧！」

大地媽媽的獻祭

大湖中的小島，山頂上的祭壇被天與水環繞。夕陽西下時，天空畫了淡淡的嫣紅，祭司說這個時候湖面無風，湖水情柔，正是獻祭之時。祭司在地上擺了彩織的布，布定義了神聖空間，所有的供品必須放在這個空間裡才能送達彼端。他請每個人揀選三片古柯葉，每片葉子都攜帶著盼望與意念。祭司將葉子沾些紅酒，配上或粉或豔的鮮花，慎重地擺在彩布上，嘴裡不停呢喃著古老的言語。

祭壇中心，牛糞早已堆成了窯狀，一點火，紅焰像從地心深處直直噴出。祭司將精心包裹好的花葉送入大地之口。

獻禮是給大地之母與山神的。遼闊的大地跟危聳的山巔千百年來陪伴著安地斯民族，如生活般親近，也如宇宙般深邃。眾人圍在山頂，看著紅焰吞噬獻禮，然後隨著夕陽漸漸黯淡。大地媽媽聽見我們的祈求了嗎？祭司說，明天一早天一亮，眾神才會給出答覆。

其實我心中無祈無求，只是充滿著探問：到底為什麼會安排我們來到這個地方，參與這樣一場獻祭儀式？

/

就在幾天前，同樣是傍晚時分，爺爺一邊打著大麥，一邊叫我們去外頭散散步吧！附近的小山丘上，有個可以眺望大湖的平台，我們循著爺爺的指示走上石階，往湖望去，一隻巨龜安詳地停駐在靛藍的水面。我想起來了，那就是我們來時經過湖濱所見的小島，**Ticonata**。奇異的美麗讓我們當下就決定要上島去看看。

隔天一早，用過奶奶精心製作的乳酪湯後，我們就到碼頭等待。渡船人駛著小船前來，好像早就認識我們一般，沒什麼招呼，卻給人一種親切感地帶我們上船，隨手拔起湖岸邊長得茂密的蘆葦草——就是傳說中用來編織浮島、奶奶拿來製作乳酪脫水模具的植物——將水下的嫩莖部分放進嘴裡嚼，然後也遞了一根給我們。

到岸後，他指著一條若隱若現的小徑說，「你們順著路上去，那個帶你們來的人會在那裡等你們。」我不大懂他的意思，帶我們來的人不就是他嗎？

我們走上島中央的山丘，一些房舍沿山坡而建，有幾棟新穎可愛的圓形茅頂土屋，像一群圓圓胖胖的巨大蘑菇，中間圍著一個小廣場，而廣場再往上一階則有一棟居高臨下，像是社區聚會所的寬敞屋子。我們走進屋內，一群男女正在公共廚房裡頭忙著。一名男子看到我們，笑著朝我們走來，我看了好久才認出來——竟是當時從小鎮載我們到爺奶家的嘟嘟車司機！如今他脫去素人的外裝，穿著白襯衫與黑長褲，戴著圓頂禮帽站在我們眼前。

我們有種陷入一場精心安排的布局，最後藏鏡人現身的感覺。

司機大叔（我還是習慣叫他司機大叔，但他現在的身分是廚房掌廚）跟我們解釋，他是這座島的居民。他們大多是兩棲，在島上有田園或牧地，但在陸岸上的村裡也有房子跟莊稼。好幾年前政府開始推廣觀光，這座島也不例外。當時村民就在政府的輔佐下，搭建了一些土屋與這個社區廚房作為接待賓客之用。島上還有一個文物館，裡面展示著這座島嶼上出土的，先民用於獻祭的陶器碎片與木乃伊，顯示這座島可能從遠古時期就是祭祀的神聖之所。

因為這幾年的全球疫情，以及年初秘魯發生的政治抗爭，這年一整年旅遊業幾乎停擺。村民們回到他們原本的農家日常，島上的文物館用鐵鍊鎖上大門，客房裡的毛毯、被單也不曾再拿出來晾晒。

然而非常剛好地，就在幾天前，社區協會接到旅行社的電話，說有個團體想拜訪這座島。

祭壇上，除了盛裝的島民，還夾雜著一些著休閒服飾、皮膚白皙、身材高眺的歐美男女。一個淺褐膚色的年輕女子，顯然是在地嚮導兼翻譯，一邊用西語向祭司詢問各種問題，一邊翻譯成流利的英語。

司機大叔所說的團體，其實是一家人，更精確地說，是一對年輕爸媽帶著四個年齡橫跨幼稚園到高中的孩子。爸爸是斯文有禮的書生型男子，對孩子說話的語氣輕柔卻鏗鏘有力、命令果決不拖泥帶水。媽媽則有種善於溝通的親人特質，平常的工作是護理人員。爸爸來自德國、媽媽來自烏克蘭，兩人在美國結婚生子，這次是趁孩子暑假，全家出來旅行。

「到這之前，我們去了馬丘比丘，是請當地嚮導帶路的四天印加古道行程，非常推薦！」媽媽跟我聊起他們的旅行，他們走一種穩紮穩打的學習型路線，這次來到的的喀喀湖，他們也找了旅行社幫忙安排進入當地社區。島民為此特別整理了許久未使用的客房與社區廚房，並帶他們進行一場傳統的獻祭儀式。

爸媽非常認真看待孩子們的學習，特地跟旅行社商量，安排讓孩子在村民面前發表旅途見聞，並給社區建議。只見孩子們拿著小抄，認真地在眾人面前講著彆扭的西語。

「我的國家仍有許多人因為立場對立陷入痛苦，我是少數幸運的一群。」媽媽對我說，當時烏俄戰爭仍是國際大事，「但我希望他們（孩子）能學會跟自己不一樣的人相處。」

我感受到這對父母對孩子成長旅途的用心。我也覺得自己很幸運，雖然媽媽說很羨慕我們可以這樣自由地探險（「我不知道原來可以靠自己來這個島！」），但好像總有一股無形的力量在為我們安排。如果一開始小魚沒有跟司機大叔對到眼，如果爺爺沒有催促我們去外面散步，如果烏德一家沒有剛好在這個時候也來到這座島……我們都不會在這裡參與這場獻祭儀式。一切都太剛好，像是一場精巧的布局。

雖然我也不知道最終自己會被引領到何處，但內心深處知道，只需信任與感謝這股力量，認真過好每個當下，無須為未來擔憂。

/

隔天一早，我們天未亮就裹著被單在山頂等待，果然天微亮時，祭司就從山腳的村莊出發，緩緩爬上祭祀平台。

祭司看見我們有些訝異，他可能以為他會自己一個人完成這項祭典。他親切地帶我們走向祭壇中心，在看似迷霧的灰燼中找出明顯的一團白，小心翼翼地用樹枝挑出來。

「哇，很好喔！」祭司笑著說，「像這樣全白的話，就是大地媽媽已經接受了我們的心意；如果留有黑炭的話，就會有不好的事發生。」

祭司收起笑容，倒了半杯酒，將整團白灰小心翼翼地融入酒杯中，然後對著天際涵光的方向，將酒灑向大地。然後又將剩下的灰燼連同酒，灑在祭壇的四周。此時太陽剛好升起，祭司看向遼闊平靜的湖水，遠方朦朧白靄的山頭是玻利維亞端的高山。

「其實我是個漁夫，已經在這個湖捕魚四十多年了。」卸下祭司的職責後，一個老爺爺坐在疊石矮牆上跟我們聊起天。「不過這幾年魚變得很少，現在大家都是用養的。你們那邊也有魚嗎？」爺爺看向我，陽光映照在他多年來被紫外線侵蝕的面龐。

我笑著點頭，也看向澄清的湖面，小島一如飛鳥般翱翔在大藍。我遠從太平洋邊陲的島，來到了南美大陸的脊梁山脈，在安地斯山地最中心的高原之上，我以為我已經來到了南美大陸的最內陸之處。

才發現，原來高原之上，也有海。

彩羽

［亞馬遜Amazon］

雨林暗夜

男人坐在我的對面，身軀如一座穩固的小山，我坐在缺了一腳、嚴重傾斜的長板凳上，只能靠著下盤的力量撐住上身與男人對話。男人語句精練，小小的眼睛像是在審視我的內裡，我盡量表現出友善的態度，誠實回答男人的所有問題。

當被問到我們是怎麼來到這個村子的，我又在心裡面走過一次那趟長長的旅程：令人暈眩的迂迴山路、日以繼夜的航行、盜挖金礦的小鎮、暴露女郎充斥的紅燈區、旅店裡滿是破洞的木板牆跟蚊帳、無法沖水臭氣沖天的廁所……然後我們終於抵達一個看起來平靜許多的河岸，徒步走進雨林，來到這個小村子。一進村就遇到村長，他答應讓我們在學校裡的空地紮營。

「學校？」從頭到尾都面無表情的男人此時卻眉頭一皺，停頓了一下，說：「你們何不住我家？」

男人的家是一棟簡單用木板拼裝成的高腳屋，屋旁還有兩間小小的木板屋，一間充作浴室；另一間則是我們現在正坐著的廚房。整個家裡看起來最高檔的東西應該是男人身後，一個用防火磚跟水泥砌成的雙口爐灶。我們後來發現，這個村子裡每戶人家都有個這樣的爐子，據說是政府的補貼政策。

「你們可以用我的廚房，這裡也有吃的。」男人一邊說，一邊清點著爐灶上吊掛著的一隻煙燻山豬腿、旁邊一串半黃半綠的大蕉，儲架上還有油鹽之類的瓶瓶罐罐。

「我們還可以一起去……」

男人做了一個帶槍潛行、瞄準射擊的動作，然後又對我說：「你會走路嗎？」這次臉上露出了笑容，化解了我那陣子心裡的緊繃。我們就這樣，認識了第一個朋友，並在屋子裡住了下來。

然而，男人在邀請我們住進他家後便消失了，我們只會在夜間已在蚊帳中入睡時，聽見他踩著踉蹌的腳步爬上高腳屋的樓梯，一大早又離家而去。大部分的時間屋子都空蕩蕩的，只剩我們倆，好像我們才是屋主，他只是一個住客。雖然落得自在清閒，但我們總覺得不大對勁，而且我們很快就發現，這個村子還有更多讓人不解的地方。

村子非常小，大概只有四、五戶的人家散布在林間。只有兩戶爺爺奶奶是經常性在家的，其餘家戶常常一個人影都沒有。而且我們除了第一天見過面之外，後來就再也遍尋不著村長，原來村長是外派的，平時根本不住在村裡。村民對我們還算友善，卻可以明顯感受到一種距離感。

還有一些奇怪的事一直縈繞在我心上。叢林裡，夜間非常安靜，但有幾天，半夜裡會突然有奇怪的音樂從遠方傳來，我甚至不大確定是夢還是真有其聲。連村子的名字都讓我不解，這個村叫做「河谷之島」，但它明明不在河谷裡，更不是一座島。

我們要繼續留在這裡嗎？小魚問我。我一時也拿不定主意，只能數著家裡那一串大蕉還夠我們吃幾天。

直到有天，我看見隔壁的奶奶一跛一跛地牽著小孫子，經過我們的屋子，鑽進旁邊的叢林裡。我遲疑了一會，最後決定跟進去看看。原來林子裡倒了一棵大樹，奶奶正揮著長柄斧頭在劈柴，小孫子則坐在一旁的地上，看著奶奶工作。

奶奶雖然跛腳、走路不便，揮起斧頭卻很俐落，刀刀到位，大塊的木頭沒幾下就碎成小塊。我趁著奶奶稍微停頓的那一刻，主動上前幫忙。奶奶似乎不是很懂西文，但懂我的肢體語言，樂意地將斧頭交給我，坐到一旁的樹下休息。

那斧頭相當沉，才揮不到幾下，我的手臂就痠到僵硬，隱隱感覺到手掌有多處腫熱，心裡知道一定會起水泡了，到底奶奶是怎麼劈得這麼輕鬆的？我邊想邊看著奶奶剛剛劈好的柴堆，死命撐到差不多有奶奶的八分多，才把斧頭又交給奶奶。我跟奶奶就這樣輪流劈柴，到最後我的手已經舉不起來了，奶奶不知道是不是看穿我的疲憊，說：「夠了夠了，剩下的帶回去再劈。」

我如釋重負地丟下斧頭，坐到奶奶身邊，才發現小魚跟小孫子早在一旁開心地野餐起來。原來就在剛剛我跟奶奶工作的同時，小孫子已經拉著小魚鑽進附近的叢林，採了好多可可果回來。我們就這樣吃著，奶奶邊吃邊吐出一顆顆的可可籽說：「這個可以磨巧克力。我們今天下午做，你們一起來！」我幫奶奶將劈好的柴搬運回家後，奶奶又進廚房拿了一大串熟黃的大蕉給我們。

我雖然手臂痠痛、掌心冒泡，肚子還餓得響悶雷，心裡卻很飽滿。我發現，我以為我喜歡被邀請進當地人的家裡、跟他們一起吃飯，好像這樣才是融入當地，但真正將人連結在一起的，是一起工作。分享快樂固然美好，但分擔辛勞與汗水卻讓彼此的關係更為踏實。至此我終於有融入的感覺，我想，我們在村子裡的生活才正要開始。

殊不知，更奇怪的事還在後面等著。

/

「那個，你腳邊那個，外面（河岸邊的雜貨店）賣二十五塊，你買給我好不好？」爺爺從吊床上坐起來，滿眼血絲地對我說。

我從零散著各種垃圾的土地中撿起來一看，是一個酒瓶。我搖搖頭，「我不能買這個給你，你已經喝太多了，這樣對健康不好。」

「沒關係，我就是想死。」

「但我想要你好好活著。」

爺爺聽了哈哈大笑，倒回吊床上，笑聲隨著吊床搖擺。

我們在下午依約來到爺奶的高腳屋，但這家人顯然忘了磨可可豆的事。爺爺一身酒氣，躺在吊床上對我瘋言瘋語；奶奶則坐在一旁的地上哭泣；小孫子臉上依然掛著天真無邪的笑容，拿著彈弓把石頭射向家屋旁高壯的仙桃樹。一家三人像在演一齣平行時空劇，我跟小魚怎樣都看不懂，只能乘著時光機在三個世界來回，一會跟爺爺練痟話，一會安慰奶奶，一會拿作業本陪小孫子畫畫。

我們接連好幾天拜訪爺奶的家，但這不僅是齣連續劇，還跟新聞台一樣，全天重複播報。

我們慢慢從村子裡其他人家的口中，以及爺奶酒後的隻字片語，拼湊出事情的經過。原來小孫子是最近才被送來家裡的。小孫子的媽媽，也就是爺奶的小女兒，多年前嫁到城裡（奶奶從高腳屋內拿出一本微微泛黃的相本給我們看，那是她跟爺爺進城探望女兒時，女兒帶他們去喝汽水的照片）。但女兒前幾天因為懷孕期間與丈夫發生口角，被毆打流產而死。爺奶把最小的孫子藏起來，不希望他被爸爸帶走。

我們前陣子晚上聽到的音樂，其實是小女兒出殯的夜晚，爺爺在深夜為了轉移悲傷而播放的。家裡有一只黑色的太陽能充電音箱，是女兒某次帶回來的禮物，上面還插了一個小小的隨身碟，裡頭是已經載好的音樂。爺爺現在整天都抱著喇叭醉倒在吊床上。

「Lison（爺爺，我是Lipo啦），帶我去中國吧（爺爺，是台灣啦），我可以在那邊教學，我認識很多森林裡的植物……」

「你有姊姊或妹妹可以介紹給我嗎？（爺爺，但我沒有兄弟可以介紹給奶奶欸，這樣不公平啦。）」

我一邊回應著爺爺，一邊看著上次帶回來的柴堆已經快燒光了，又拿起斧頭劈柴。劈完之後，再用棕櫚葉綁成的掃把掃地，地上滿是落葉、蕉皮、酒瓶、糖果紙屑……我猶豫著該不該分類，心底知道在這個雨林裡，所有東西最後都是一把火燒掉，或丟進河裡讓河水帶走。

「Lipo，買一瓶酒給我好嗎？我好難過。」

一碗木薯酒

「叔叔，爺爺叫你來家裡！」

一早，我跟小魚還在蚊帳裡賴床，高腳屋外就傳來小孫子的呼喊。

我們穿過林間小徑，透過屋旁的果樹，遠遠就看到奶奶坐在地上編蓆子。那個棕櫚葉是前幾天我跟小魚採來，本想請教奶奶的，但當時家裡醉得一團亂，就一直擱著，沒想到奶奶竟突然編起來了。看到我們來了，奶奶立刻從廚房裡端出了一碗樹薯雞湯，原來他們早早就起床，殺了雞，挖了樹薯，煮了豐盛的早餐。

「Lipo，今天可不可以跟我們去田裡工作？」我專注地看著奶奶靈巧編織的雙手時，爺爺突然對我說，「Irene可以留在家裡煮飯，這樣我們回來就可以吃午餐。」原來爺爺早已擬好一天的工作計畫跟人力分配，和前一晚吊床上的醉漢判若兩人。

/

雨林裡的農法是標準的刀耕火耨。現在是乾季，正是開墾、種樹薯的季節。爺奶早在叢林中選好闢為園子的地方，將大樹都砍下。我們從廚房爐灶拿了一些燒紅的炭，帶到田園裡，放在已經堆好的木頭上，不一會就濃煙大作。同時，每人各拿一支砍刀，清理地面上殘餘的小植被。我邊揮刀邊看著這片新開墾的園子，不得不說，那景象是滿怵目驚心的，原本濃密翠綠的森林，如今只剩光禿地表上的黑炭與白灰，豔陽無情地像要融掉萬物。

清理植被的工作結束之後，爺爺把犁交給我，讓我負責鬆土挖洞，他則跟在後頭，把切成一段段的樹薯莖插入大地之中。整片的樹薯園也穿插種植一些豆子、西瓜、花生，最外圍則插枝了不少大蕉。雨林裡的樹薯只要半年就可以採收，但大蕉得等上一年才會結出第一串果實，不過之後就會自己擴張地盤，隨時都有蕉可採。甚至在這片園子被叢林收回之後，大蕉還會混在裡頭，繼續繁衍生息。

「人要工作啊，才有東西吃。」爺爺指著另一邊幾年前開闢的園子裡，幾株大蕉垂掛著飽滿的果實，爺爺每次經過就採一串回去。「有東西吃，人就快樂啦！」

收工回到家，奶奶並沒有閒下來，指著大清早挖回來的樹薯山，說要教我們做樹薯酒。

樹薯酒是一種在亞馬遜雨林中非常普遍的飲料，有時候早餐簡單來一杯就外出工作了。其實與其說是酒，應該叫綜合發酵飲，而且還跟穀漿一樣非常濃稠。做法非常簡單，把樹薯去皮切塊後，放在大鼎中水煮、搗成泥狀，待涼後，再加入一些「神祕配方」讓它發酵就行了。各地的神祕配方不同，有些地方就跟台灣過去鄉間一樣，用的是口水；在比較靠近城鎮的地方，會使用市售的麵包酵母。至於奶奶，用的則是另一種雨林植物，樹薯的好姊妹：番薯！

樹薯備好後，奶奶帶我們到鄰居的田裡挖了幾顆新鮮番薯，生磨成泥狀，倒入大鼎之中，然後交給我一支船槳，要我用船槳攪拌。

幾天後的傍晚，我們又在爺奶的家裡，爺爺還是躺在吊床上，小魚則在一旁陪小孫子寫作業（今天是連連看）。每個人手裡都拿著一杯樹薯酒，昨天喝起來還是甜甜的養樂多，今天已經多了許多酒氣。爺爺說每天的味道都會變，如果放一個月就會變烈酒，喝兩口就可以跳舞了！

這時，讓我們借居家中的叔叔來訪，奶奶立刻進廚房倒了一杯滿滿的樹薯酒出來。在這個雨林裡的小村子，人們最大的娛樂就是到其他人家裡串門子——尤其是當一個家裡有釀酒的時候。我們後來才知道，原來叔叔每天總是早出晚歸，是因為那陣子村裡的男丁都被徵召去更換村子的引水管線了。下工後，他還會到各家戶串門子，有時候還會在漆黑的夜裡走上半小時的叢林小徑，到河岸的雜貨店去看電視。

「Lipo，聽說你有姊妹可以介紹給爺爺，還有沒有可以介紹給我的？」叔叔灌下一大口樹薯酒後，笑咪咪地對我說，爺爺聽了也大笑。

看來爺奶酒醉時的瘋言瘋語已經成為全村的話題。現在回想起來，當時就像噩夢一場，是什麼原因讓爺奶在一夜之間振作起來，我到現在都還想不通。但或許人的心田也跟土地一樣，看似焚燒過後的荒蕪，總會在某個時刻冒出鮮綠的嫩芽。

叢林野食

「叔叔，早安！請問我們可以挖你家浴室外面的土嗎？」

那天一個小女孩出現在門口，一手牽著比她矮一顆頭的弟弟，一手拖著跟她腿一般長的砍刀。

「喔……好啊。」我心想沒什麼理由拒絕，雖然這其實並不是我的家。倒是我挺好奇，他們挖土要做什麼？

「我們要挖蚯蚓釣魚，你要跟我們一起去嗎？」女孩講起話來有種超齡的理性口吻，卻仍不掩童稚的可愛。我也興致勃勃地拿起家裡的砍刀，跟她一起去浴室。

浴室說穿了只是個木板隔間，我們都是用碗舀水淋浴，水直接流到土地上，所以周遭的土相當溼黏。女孩把砍刀插入土中，挖起一個大泥塊，一搓開，裡頭果然有幾隻肥大的蚯蚓。我心想，這雨林裡的砍刀還真萬能，砍樹除草都來，連挖土也可以。我跟孩子們把浴室周遭的土都挖了一圈，不一會就收集了一大袋的蚯蚓。

女孩領著我們走到她家，再彎進家後面的叢林，在厚厚的林蔭之下有一條淺淺的小溪。或許因為現在是乾季，水少而黃濁、幾乎不流動，像個小水溝。我心裡懷疑，這樣的地方會有魚嗎？

但孩子們胸有成竹。這顯然是他們常來釣魚的地方，早放了一塊木板橫跨兩岸，我們就坐在木板上準備釣魚。雨林裡釣魚，我們已有經驗，只需要魚線跟魚鉤，直接將餌穿在鉤子上再拋甩進水裡就可以了。不一會，我的魚線竟然真的抽動，一拉，一條只有我掌心大的小魚就被我鉤上來了。

沒想到這麼一個小小濁濁的水池還真有魚啊！不久，小魚跟女孩的魚線也抽動了，剩下弟弟遲遲沒釣到，他情急之下魚鉤拋太遠，鉤住了遠邊的樹枝，我起身要繞過水岸，想幫他把鉤子鬆開。

「叔叔，不要！」就在我想扶岸邊的樹幹時，女孩突然阻止我。我仔細一看，發現樹幹上有條蟻道，連通到樹上的一球蟻窩。「那種螞蟻會咬人，很痛喔！」女孩說。

我打從心裡敬佩這些孩子，他們從小就在這座叢林裡自由自在地遊戲，早在與周遭的動植物、水、泥土、石頭的互動過程中，習得深厚的叢林知識。他們腦海中的地圖標示著哪裡的水池有魚、哪裡的土有蚯蚓；他們的動物圖鑑記錄著什麼樣的螞蟻會咬人、怎樣的魚適合煮或炸。其實只要給孩子們足夠的自由與信任去探索，他們都能夠很快地累積對這個世界的認識，並找到自己的熱情與天賦。

「叔叔，謝謝你讓我們挖你的浴室，也謝謝你陪我們釣魚！」小女孩在我們離開時對我說。

/

幾天後，爺爺的兒子從外地回來了（以輩分來說，就稱他為叔叔吧）。他的太太是高原人，他跟著太太到高原上生活了一段時間，但實在做不住城裡的工作，天氣也不適應（太太則是永遠覺得雨林裡太熱、蚊蟲太多），最後決定回鄉。他約我隔天一起去林子裡。

說「去林子裡」，當然就是指採集跟漁獵。叔叔穿著短踢短褲、踩著球鞋、背著Jansport的後背包，一副與城裡街上的路人無異的裝扮，靈巧地領著我在林子裡穿梭。不久叔叔就發現一株高大的棕櫚樹，地上滿是落果，用砍刀剖開，裡頭有肥白的蟲子，我小心翼翼地挑出來捧在手心上。

「這可以吃嗎？」我問。

「當然，很好吃！」叔叔笑著跟我說。

我一口吃下，果然一陣濃郁的椰奶香氣在嘴裡爆開。原來！我猜想這種棕櫚植物應該是椰子的親戚，而蟲子又寄居在果實裡頭、以果肉維生，所以才有滿滿的椰子味與軟嫩的油脂。我馬上在地面搜索落果，一個個撬開，收集裡頭的蟲子。後來叔叔將所有蟲子都用葉子包起來，塞進口袋。我們來到一個河岸邊，叔叔拿出漁具，將剛剛收集來的蟲子串在魚鉤上準備釣魚。原來那蟲不是要拿來吃，是要當餌的……

這個河道比起之前女孩帶我們去的地方大多了，魚也比較大，我們很快就釣上一些魚。這時，遠方突然有個聲響。

「看，有鸚鵡。」叔叔斜眼指著遠方的樹冠。

我什麼也沒看到。雙眼持續在枝頭間搜索，發現確實有個身影。

叔叔已經舉起了槍，砰！巨大的爆炸聲響劃破叢林的寧靜，緊接著是掉落物的碰撞聲。我穿過地面的灌叢，來到大樹底下巡視。果真是隻金剛鸚鵡，胸腹部是金亮的黃色，背部則是夢幻的水藍色，體型約有人的半身長，此時奄奄一息，躺在地上動也不動。我對狩獵並不陌生，能平靜看待生命的逝去，但當下卻被這炫彩的生物震懾失神。牠讓我意識到，所有的生命都是如此平凡，也如此美麗。

回到河岸邊，叔叔拿出砍刀切下一些胸肉，我還不明所以，叔叔就將肉串在魚鉤上拋入水裡了。幾乎是同一瞬間，叔叔用力一拉，一條大魚就被拉上岸。那魚比我的手掌還大，我必須用兩隻手才能握緊。

「大魚吃小魚，小魚吃蟲子。」叔叔說，所以用蟲餌只能抓一些雜食的小魚，像這種肉食的大魚就要用鮮肉當餌，尤其是有血味的，魚兒一聞到就會瘋狂咬餌。

果不其然，我們接下來用鸚鵡肉釣魚，上鉤的都是大魚。我們就順著河在兩岸的叢林間移動，遇到適合的水潭就拋鉤，慢慢累積了不錯的漁獲。至於一開始採集來的肥蟲，我就不浪費地拿來當零嘴了。

這時水面上出現點點水滴，天開始落雨了。叔叔說這雨會大，東西也夠吃了，我們趁著雨變大前回家吧。

就在我們收拾裝備之時，我突然好奇叔叔是怎麼看待採集漁獵這回事的，畢竟他才剛回到村子不久就約我一起進林子，會不會這是他某種思鄉的寄託？可惜我的西文還不夠好，只能用最簡單的造句問：「你喜歡打獵嗎？」

叔叔沒有馬上回答我，繼續整理他的漁具。一旁的幾條魚似乎還活著，突然又瘋狂地跳了起來，他用砍刀刀背一敲，魚馬上安靜。

「也說不上喜歡或不喜歡，活著就是會想找點東西吃，不是嗎？」叔叔邊說，邊把地上的魚一一拾起，也沒用什麼袋子或葉子包起來，統統丟進他的 Jansport 後背包。

可可

雖然雨林人靠著種植樹薯跟大蕉、叢林供給的野食，大部分都能夠自給自足，但在跟外面的世界接觸後，他們也是有購買油鹽糖的需求（喔，還有酒跟可口可樂）。經濟來源除了靠外出打拚的兒女，另一個部分就是「可可」。

巧克力應該是當前地球上最受人類喜愛的零嘴之一，其植物原型正是原生於中南美洲熱帶雨林的可可樹。雖然現代的我們可能比較熟悉用吃的巧克力，但其實它最早是以飲品之姿進入人類的集體記憶之中。中美洲的馬雅、阿茲提克文明是目前所知最早飲用巧克力的人類社會，當時被視為神聖飲品，在馬雅信仰中，甚至有可可神的存在。不過最早飲用的，是純的巧克力，味道酸中帶苦（「巧克力」的語源原義就是「酸苦之水」），甚至會加入辣椒等辛香植物一起飲用。也因為可可具有興奮劑的作用，許多中南美洲的朋友都會跟我說，巧克力是打開人心的草藥。

我們在旅途上一直與巧克力相遇。安地斯山上的市場裡常可以發現一種巧克力磚，是農家自製的，可可籽經過發酵、烘焙後直接碾磨，融結成方磚，再用乾燥的香蕉葉包起來，上頭沒有任何標示。如果不是我們好奇，喜歡東問西問，大概永遠不會發現。這些巧克力磚在當地是用來煮飲料的，直接食用偏乾澀，但我們倒是很喜歡那純粹濃郁的可可香氣。然而，我們一直無緣見到其植物本尊，直到來到亞馬遜雨林之中。

爺奶就有一片可可園。可可樹是典型幹生果型態的熱帶植物，沉甸甸的果實直接垂掛在主幹上，外型如同橄欖球，成熟後的外皮有黃、橙紅、紫紅色的。因為可可樹不高、果實又結在主幹上，矮小的孩子都可以採到，所以我們常帶小孫子到園子裡去採。

在爺奶家，可可除了是重要的經濟來源，也拿來當水果吃。豔彩的外殼撬開後，裡頭是一顆顆裹著綿白瓤肉的可可籽。當水果吃的正是這層白瓤，酸酸甜甜的，滋味很好，但肉不多，邊吃會邊吐出裡頭如堅果般的籽實，便是可可籽。爺奶會保留下來，收集一定的量，發酵後再晒乾、烘炒、脫皮，最後就能拿來研磨成巧克力。

那天奶奶拿出一盆剛炒好的可可籽，爺爺則拿出一台手轉的研磨機，將可可籽放入，開始轉動把手，瞬間巧克力的香氣就流洩出來。反覆研磨的過程除了將籽實絞碎，內部所含的可可脂也會因熱融化，慢慢地就會變成濃稠的流體狀，再入模凝固，就是市場上販售的可可磚。不過要磨到這種程度需要多次的研磨程序，爺奶不會這麼厚工，只磨兩次到粉粒狀，就可以拿來煮巧克力了。煮出來的巧克力上頭會浮著細微的顆粒。

爺爺拿出塑膠袋，裝了滿滿一袋給我們，說：「這是最棒的早餐，你們用熱水煮，開始冒泡後再繼續煮一下就可以了。喜歡什麼就加什麼，糖或 quaque 都可以。」我不懂 quaque 是什麼，爺爺只說是營養的東西，但要外面才買得到。但不重要，我們的經驗告訴我們，純的巧克力已是神的飲料。

「如果有牛奶的話就更棒了，人間美味。」爺爺繼續說，臉上的表情已經飄飄欲仙（爺爺是個戲精啊！），小孫子在一旁聞著巧克力的香氣，也笑得合不攏嘴。

那天傍晚，我跟小魚決定散步到外面的河岸。我們慢慢可以理解為什麼叔叔明明工作了一整天，晚上還要走夜路到外頭去看電視。每天都待在村子裡，雖然歲月靜好，生命卻也渴望刺激與變化。

我們在其中一間食堂兼網咖與家人聯繫，又走到雜貨店補給。在這雨林中的雜貨店當然不可能會有鮮奶，但卻有罐頭牛奶，我們一口氣買了一打，想趁著摸黑之前帶回去給爺奶，當作小孫子的禮物。結帳時，我突然想到爺爺的話，便問老闆娘有沒有quaque，老闆娘指了指儲架上的一角，我過去看了一下。

啊，原來是燕麥片（桂格）！

河谷

我們遠遠就聽到屋內人聲嘈雜，屋外的大樹下滿地雞毛，似乎跟平常閑靜的氣場不大相同。在即將離開村子的前夕，我們決定走訪每個家戶一一告別，第一站來到村裡唯二的另一對老爺爺奶奶的家（因年紀較長，就用「老」字區別吧！）。

兩個爺爺是親兄弟，個性卻非常不一樣。爺爺愛開玩笑（尤其是黃色笑話），表情很有戲；但老爺爺有一種穩重的氣場，雖然總是掛著和藹的面容，但孩子在他面前都不敢胡鬧。大部分我們去找他的時候，他都安靜地坐在自己的高腳屋前廊補魚網。他已經八十多歲，滿頭白髮，卻依然每天扛著鋤頭在大太陽下種樹薯。

老奶奶比老爺爺更年長，已經九十高齡，佝僂著身子，沒辦法做粗活，但每天都會看到她在清掃落葉，最近也在屋旁清理了一小片空地，植了些樹薯（雨林人利用空地插植樹薯的執行力真令我折服）。其他時間她都待在家裡的廚房，一邊靜靜縫補衣物，一邊顧著爐灶，讓工作回家的人隨時有食物吃。老奶奶也生性安靜，很少跟我們聊天，有次她主動叫住我，讓我有些意外，直到她顫抖地將針線遞給我，我才明白，是想請我們幫忙穿線。

原來今天正是老奶奶的生日，家裡正在做雨林粽，準備慶生。這是一種秘魯亞馬遜區域的代表性食物，如果硬要分類，是北部粽的概念：飯跟料先煮好之後，包到葉子裡再煮過一次，讓味道與葉子的香氣融合。我們也加入生產線的行列，先將兩三片葉子墊在碗底，然後盛入香料飯，加入一塊雞肉、一顆水煮蛋，再把葉子抓起，用樹皮綁好。

家裡陸陸續續來了許多客人，或許應該說，全村的人這會全都聚在這小屋子裡，看來我們正好省去一一拜訪的行程。找我們一起去釣魚的小妹妹一家人也來了，妹妹見到我們，非常有禮貌地過來跟我們打招呼。他們家除了她跟弟弟，還有一個尚在襁褓中的小嬰孩，這會兒窩在媽媽的懷中，哭皺著臉。媽媽擔心地跟老爺爺說了一些話，看來孩子似乎是病了。

老爺爺一派輕鬆地走到外頭，屋旁的泥土地上種了一排低矮的植物，我之前都沒注意到，仔細看，原來是菸草。雖然台灣的現代社會對菸總有負面觀感，但它是美洲原住民千百年來都會使用的神聖藥草。

老爺爺採了一些回到屋內，放在爐灶上乾燥，不一會，青綠飽滿的葉子就變得皺黃。老爺爺接著將菸葉捲起來，像雪茄一樣，湊到嘴邊點了火，然後將白煙吐在嬰孩的額頭上，口中喃喃有詞。不知道是他沉緩的嗓音、菸草的氣味，還是藥靈的作用，孩子臉上的皺紋慢慢鬆了下來，不再哭泣，進入了深層的睡眠。

我看著這一幕，廚房裡依舊忙碌，話語與笑聲繼續在背景播放，但眼前的畫面卻定格在我心中。

慶生派對跟我們想像的有點不一樣。沒有吹蠟燭，也沒有打玩偶，每個人來到屋子裡，都會特別到老奶奶跟前跟她說幾句祝福的話，然後坐下來閒聊一陣，喝杯樹薯酒，但最後都外帶自己的粽子回家吃。家裡人來人往，派對沒有高潮就進入尾聲，就像這個日子，來得輕描淡寫，祝福如細水長流。

天色漸漸暗了之後，屋裡只剩幾個人，叔叔（我們的屋主）也留著，他是老奶奶的三兒子。一開始我們以為他沉穩內斂，後來發現根本是個大男孩。四十多歲的年紀，依然每天都到老奶奶家吃飯，而老奶奶手中修補的衣物正是叔叔的，果然是有媽的孩子像個寶。知道我們隔天要離開，叔叔立刻上前抱住我們，還一邊說：「明天開始我又要孤單一人！」我以為他在開玩笑，但鬆開擁抱之後，看見他的臉上已老淚縱橫。

叔叔說：「你們一定要記得我的名字，我叫 Pato Valle Flore。」

其實他早就說過了，但因為秘魯人的姓名都落落長，最後我都索性只記前面兩個音節。但我這次聽仔細了，並在心裡頭跟著默念，Pato Valle Flore——等等，Pato「Valle」？

我突然連起來了。Valle 就是西文的「河谷」，原來這個村子的村名「河谷之島」並不是指地理上的河谷，而是指「河谷」一家。所以這個村子就是河谷一家人所居住的島，所有的村民其實同屬一個大家族。

後來一個當地朋友告訴我，河谷家族原本是住在大河中的一座沙洲島，後來沙洲被氾濫的河水淹沒，他們家族也幾經遷徙。不過不管他們遷到何處，他們定居的村子都稱作「河谷之島」。

/

離開村子後，又是一連串舟車勞頓的旅程，才來到了一個稍微熱鬧一點的小鎮。就在等車之時，我們遇見一個穿著嬉皮風格的在地嚮導，帶著兩個歐美背包客。在秘魯的鄉村地區少見異國旅人的面孔，大家總會在這些珍貴的交會瞬間，交換一些心情與情報。

「你們有去 Limonal 嗎？」嚮導興致勃勃地問我們。他說的地方就在村子附近，是國家公園的入口，也是大部分遊客會造訪的地方。

「沒有欸……」

「蛤？那你們去了哪？」

「我們都待在旁邊的小村子裡。」

嚮導的問題只是個開場白，但沒想到我們竟然沒去過，讓他不知道如何繼續這個話題。其實我們也喜歡造訪風景名勝，只是緣分的安排總讓我們更常深陷與當地的連結，而那些人們平凡的生活風貌、人與人之間交會的美麗風景，總是深深地吸引、觸動著我。

對我們來說，我們也已經走過了一座彩鳥紛飛、綠水長流的絕美河谷。

綠水

［亞馬遜 Amazon］

溪畔森林

在拉丁美洲旅行，常遇到很多人告誡我們，哪裡很危險，千萬不要去。一邊說，還會一邊分享他的慘痛經驗。不過老實說，我們整趟旅行都很平安，幾乎沒遇過什麼危險，我想一部分原因是我們大多待在鄉下，民風純樸，但就連少數在都市停留的時候，我們也常有暖心的際遇。

就像在飛往南美洲前，我們在西班牙首都馬德里安排做快篩，走入診所前我們在附近的一間早餐店用餐。當時因為時間壓力，不清楚診所快篩流程，也搞不懂點餐系統，讓我們既緊張又挫折，沒想到隔壁桌的大叔突然端著一大盤西班牙甜油條放到我們桌上，笑著跟我們說：「旅途愉快！」

我總認為，人的心境跟外境會交互作用。就像天線可以接收訊號，同時也可以發送訊號，心境無疑會受到外境影響，但同時也在顯化著外境。人的際遇常常是自己的創造，因為我們在心底信任這個世界是安全而友善的，所以世界也如此展現在我們眼前。

然而有那麼一次，我們確實遇到了危險。

回到我們在亞馬遜的大河之旅，那陣子因為長程交通、小魚感冒發燒、簽證到期等，我的心也跟著陷入混亂狀態。我開始沒來由地為未來焦慮，不知道這趟旅行的意義為何，也不知道自己該往哪前進。就在這個時候，事情發生了。

我們趁著等船的空檔在港口覓食，一個男人與我擦肩而過，我瞬間感覺不對勁，眼睛緊盯著那個男人，只見他繼續往前走，然後與另一個男人交會，交會的瞬間好像交換了一些什麼。我立刻上前將後者拉住（此時前者已消失在人群之中），我搜他身，果然發現我的手機就藏在他的腰際。

千鈞一髮，這趟旅行第一次遇到扒手（也是唯一一次），好險沒有損失。但在我心底，我一直咀嚼這個事件帶來的訊息：我知道這並不是偶然的發生，而是我的心境創造出來的。那時我的內心充滿焦慮與恐慌，才在外境顯化出這個偷竊案。從另一方面來說，這個事件也是一個警鐘，把我從紊亂之中敲醒，看見自己的紊亂。

「我們找個野外待一下吧。」我對小魚說。我知道我需要讓自己回到自然的諧和裡，校正回歸一下。

我們簡單看了一下地圖，在城裡問了幾個人就出發。三輪越野機車顛簸地帶我們出城到郊外，接著我們沿土路步行，穿過幾個茅屋村落。平常的我應該會對這些人家感到好奇，但當下我只想遠離人群，找個僻靜之所。最終來到一處遠離村莊的溪畔森林，森林隱蔽，幾株大樹從溪邊拔地而起，高聳蔽天，護衛著流水；溪水清澈和緩，透著森林的綠光，剛好就在林子邊形成一處青碧水潭，很多魚兒在水中悠游。

我們就這麼決定待下來，拿出砍刀，在林子裡清出一片小空地，搬來幾顆石頭堆成爐灶。每天就在溪裡跟魚兒一起游泳，或到附近的森林漫步探索。也沒三餐時刻表，餓了就煮些東西吃，更多時候什麼也不做，就是坐在溪邊吹著風，聽著流水，看著森林。

我想到在台灣時，部落裡有一位親切睿智的長者，跟他聊天總是如沐春風。有一次他跟我說：「我不需要上教堂或到廟裡拜拜，只要回到我（山上）的土地，心裡就可以得到同樣的寧靜與平安。」一邊說，還一邊給我他在山上種的酸橙。於我而言，森林與溪流也是這樣的存在，當我的心境已經紊亂到無法靠自我回歸時，只要回到山、森林、溪流之中調頻一下，總是能夠回到澄明的狀態。

初遇 Asháninka

我們待在溪畔森林的時間超出預期，很快地食物就不夠吃了。而此時我的社交能量已經回血，來時路上經過的那些村落與茅屋再度出現在我的腦海裡，勾引我的好奇心。我們決定到附近的幾戶人家拜訪建交。

出了林子，走了約莫半小時，就看到一戶茅屋人家。門前有位太太，打著赤腳，頂著一只藤籃子，籃子裡滿滿的樹薯。她把樹薯放到地上，接著拿出大只的塑膠布袋，將樹薯裝好綑綁好，然後便消失不見。過不久，又馱著一籃樹薯出現。

「這些都是你們剛挖的嗎？」我靠過去，蹲在正在整理樹薯的婦人身邊。

「對啊，我們要拿到城裡去賣的。」婦人旁的男人靦腆地笑著回答我。原來今天是城裡的市集日，通常一個月一次，周邊的鄉村人家家裡長什麼就拿什麼出來賣。我看了一下地上，除了堆成小山的樹薯，還有兩串大蕉、幾顆鳳梨、木瓜，跟一大袋的冰淇淋豆，而另一戶人家則是抓了兩水桶的溪魚，更早就已經出發往城裡去了。

「我們可以跟你們買一些樹薯嗎？」

「好啊，有白的跟黃的，自己拿。你們是哪裡來的？」

「台灣。」我回答，發現男人臉上露出一點疑惑的表情，馬上又說：「在靠近日本跟中國附近。」

「那是利馬嗎？」男人依舊不解，看來他的世界裡，所有外邦人都是利馬來的（但其實利馬也是秘魯啊！）。我笑著搖搖頭，但也不想去更改男人的世界。

男人又拿起砍刀，走到旁邊的林子。我們好奇地跟過去，只見他揮幾刀就砍下粗大的樹幹，開始摘取枝頭上一串串的深藍果實。男人笑著說這是「叢林葡萄」，拿了好幾串給我們。我放一顆到嘴裡，雖然果肉不多，但香氣四溢，比茉莉花還香，還帶著淡淡的蜂蜜甜。我又連續嚐了好幾顆，趕緊叫小魚過來吃。男人看我們喜歡非常高興，任我們在家裡隨興亂逛（家裡還種了棉花、腰果、樹豆……），他則自在地坐在地上編起魚網，一邊回答我們各種問題。

男人告訴我們，這附近的人家都屬於 Asháninka 族——一個主要居住在雨林邊緣的山地丘陵，也是秘魯境內人數最多的亞馬遜族群。這樣的居住環境跟我們之前遇過的其他亞馬遜族群相比，更接近台灣的山林環境，也因此讓我感到相當親切。

我對當地居民的初印象是，雖然大部分都穿著現代服飾（少部分維持裸身），但在配件上依然有很明顯的傳統特徵：幾乎人人都有藤籃子與側背袋。

此處的藤籃是編成窄底寬口的圓胖型，背負時只用一條樹皮繫著，頭頂或肩背。主要作用是搬運農作物，也很常掛在家裡的牆上當置物籃，我們還在一戶人家的廚房裡看到母雞窩在裡頭孵蛋。側背袋則幾乎是男女老少的隨身配件，裝彈弓、古柯葉、菸斗、各種隨身物品，小孩子則拿來當上學的書包。袋子是將棉花紡成線、織成布後，再縫合而成。

離開時，男人又拿了一串香蕉送給我們，我們很高興能順利完成建交與補給的任務，心想，看來之後可以溪畔森林為基地，來附近的人家串門子，慢慢認識當地村落！

不過我們很快就發現，現實並不容許我們慢慢來。

槍光箭影

清晨，微弱的光透進剛睜開眼的溪畔森林，還在迷濛間，小魚就把我搖醒。

「比比，好像有人……」

我也聽到了，只是還在確定腳步聲的動向，而且聽起來不只一人。這麼早？是部落的人經過嗎？

但聲音沒有離開，反倒變得更輕，就在不遠處徘徊，然後安靜下來。

「請你們出來說話一下。」突然，一個壯年男子孔武有力地對我們喊話，聲音就在帳篷外頭。

我出了帳篷，這才意識到，我們已經被包圍了。約莫十幾名男子，有人持步槍，有人持弓箭，雖然槍管子跟箭頭對著地，但已處在戒備狀態，隨時可以開火。

「我們是村子的守衛隊，接到通報，有兩個形跡可疑的外國人躲在森林裡。請問你們到底在這裡做什麼？」

我用我還沒完全開機的腦袋，破碎地解釋我們在這野營，也沒特別做什麼，就只是休息、玩水，偶爾到附近的人家聊聊天。男人半信半疑，排山倒海的問題接踵而至：你們哪裡來的？有沒有通行文件？怎麼會知道這個位置？跟哪些村民接觸過？我一五一十地照實回答。最後男人問：「你們待在這這麼久，都吃些什麼？」我指著帳篷旁之前跟附近村民半買半送的樹薯跟大蕉，心底期待他看到這些熟悉的食物會覺得親和一點。

「不管怎樣，請你們跟我到村子裡一趟，村長要見你們。」

前一天我跟小魚還在討論要何時拔營，沒想到命運已經幫我們決定好了。一路上守衛隊似乎看得出來我們沒有任何戰鬥力，已經鬆懈下來，但仍將我們包夾在隊伍中間。途中剛好遇到之前給我們樹薯的男人，他對著守衛隊大喊：「你們幹什麼？他們是我的朋友！」守衛隊長只是咕噥了幾句，繼續前行。

走了一陣子後，我們經過第一戶人家，立刻有人出來招呼，要大家進去坐坐，然後給每個人舀了一杯滿滿的飲料。我馬上認出那是樹薯酒，只是此處的樹薯酒帶點淡淡的粉紅色，而且人們暢飲起來更豪邁，有些人甚至是用臉盆在喝！話說回來，我們都被「逮捕」了，我竟然還有心情觀察這些風土民情，或許是因為感覺得到這些人散發出來的氣場是無害的吧——尤其是每個人喝了樹薯酒後，嘴角都呈現完美的弧形。

一個荷槍的年輕男子拿著一杯樹薯酒走向我，對我說：「很多人以為我們守衛隊是打仗的。不，絕對不是這樣。」他很用力地搖著頭，並將手中的杯子遞給我，繼續說：「我們的工作是保護，而且不只是保護自己的村民，也是保護所有在這邊的人，包括你們。」

我接過杯子，咕嚕嚕地一口灌下，嗯，是甜甜的養樂多味。

我們很快來到了村長家，就在我們紮營的同一條溪的下游溪畔，一棟簡單的高腳屋。我們來時也曾經過，只是當時並不知道那就是村長家。已有許多人聚在屋前的空地，想一睹傳聞中躲在森林裡的奇怪外國人。村長是個年輕小夥子，一跛一跛地走到我們面前，據說是前幾天工作時扭到腳了，今天才沒有跟著守衛隊一起上去找我們。不過這在我們的雨林經驗中倒是挺難得的，村長就是村子裡的人，而且看起來頗接地氣。

村長跟守衛隊長交換了一些資訊後，開始對我們曉以大義。他說我們進入部落領地，理應徵得同意，雖然我們並無惡意，但已造成村民恐慌；因為綁架擄人的犯罪事件在拉丁美洲的荒僻鄉間時有所聞，很多都是跨國綁架案，無形中造成當地人對外國人的恐慌，尤其是白人。我聽了心底暗自慶幸自己是個黃皮膚的亞洲人，同時也表達歉意。

「好了，確認沒事就好。不過，村子為了你們出動守衛隊，你們願不願意貢獻一點基金？」

我覺得合情合理，便掏出錢包裡僅剩的一張五十秘魯幣鈔票給村長。

「那你們接下來打算如何？」村長問我，一邊將錢塞進口袋。我一時也拿不定主意，村長又說：「反正我們認識了，你們想回到原本的地方也可以，或者想離開，你們自己決定吧。今天是我們的社區工作日，我先去忙了。」

原來今天是星期天，所有的村民，不論是村裡的或外圍的獨立戶，都會在這一天聚集到村中心，一起進行一些社區工作。村長也是趁著這個時候召集自衛隊到山上找我們。今天的工作是除草跟整理環境，每個男人都拿著砍刀，將集會所、學校周遭好好地「理髮」一番。就在男人們努力工作的同時，女人們則提著一桶桶的樹薯酒（有紅色跟白色兩種），到處給男人倒酒。

「我可以借你的砍刀嗎？」我問村長，看得出來他腳受傷無法工作。村長嘴角一笑，一句話也沒說，將掛在牆壁上的砍刀拿給我，我就這麼加入除草大隊的工作。

約莫正午時分，太陽已經宣布停工，所有人聚在一棵大樹下，圍成一個大圓，開始村務會議。村長進行例行的報告，也提到了我們兩個的出現，鉅細靡遺地交代了一遍如何接到村民的通報、何時派出守衛隊、與我們的談判過程，並簡單介紹我們的來歷（不過他把台灣說成泰國了）。最後說：「他們也貢獻了五十秘魯幣給村子。」

「那我能分到多少？」一個村民馬上問。

「這個錢不是給個人的，是整個村子的公務基金。」村長回答。

不少人開始發表意見，有些人主張應該要對所有進入部落領域的人收費，有人提議要設檢查哨。而這個部落也挺民主的，每個人都可以自由發表意見，而且發言的人會得到在場所有村民的傾聽，幾乎不會有人打斷他人的發言。

一個男人站出來說話：「我不反對設定收費標準，但我看來，那反而是枝微末節的事。大家想想看，為什麼外地人會到我們這來？因為我們有好的環境，有乾淨的溪流、有森林。而現在真的有人來了，還遠從亞洲的泰國來，那是世界的另一邊呢。但說實話，我們準備好了嗎？每次在除草的時候，村子裡到處都是垃圾，這是我們要給別人看的嗎？我們的文化呢？我們能夠呈現出什麼給別人看？我們應該先把自己準備好，自然會有更多人想來，那時候再談收費才會有意義。」男人的口才極好，而且頗具當代世界觀，立刻說服了所有村民，看來這個議題就此塵埃落定。

「最後，請副村長跟大家協調一下學校修繕的工作。」村長最後將主持棒轉交，那個守衛隊中給我們樹薯酒的男人站出來說話，原來他就是副村長。他徵召了一些青少年男子，聽起來是學校的門壞了，他們明天要到鎮上去買（鏈鋸用的）汽油，將一棵已經挑選好的倒木搬回來，做一扇新的門。

會議結束後，人潮散去，不少人特別來跟我們打招呼，人們的善意很快就取代了當天清晨的緊張氣氛，想想那不過是幾個小時前的事。

「你們一定餓了吧，來我家一起吃午餐！」副村長邀請我們，並跟我們說：「你們知道嗎？其實早上出發（去找你們）的時候，我們每個人心裡都很害怕呢！」

摸魚全家福

我們後來就這麼在村子裡住下來，而且跟副村長一家成為摯交。

副村長是個年輕的爸爸，不到三十歲，已是三個孩子的爸；媽媽的西文名跟小魚一樣，叫做Irene。三個孩子中最大的是姊姊，正在讀小學三年級，但已是個小大人的樣子，總是牽著或抱著弟妹，還會幫爸媽一起工作。鄉下長大的孩子似乎都有這種早熟的特質。

爸爸說他們家原本是住在上游一點的森林裡，就在我們野營處附近。這個房子是這幾年為了讓孩子上學方便才新搭建的，也因此還相當簡陋，只有兩個茅草屋頂的空間，一個完全開放，作為廚房；一個有木頭架高的地板，四周只用布巾圍起來，一家五口就這麼擠在裡頭睡覺。那陣子除了跟爸爸一起修學校的門，我們也為家裡的茅坑搭圍牆（原本的茅坑是全開放式，上廁所時屁股還可以吹涼風呢）。

爸爸每天都有工作，卻一點也不急躁。他說：「慢慢來，等我們存夠了錢，再換一個鐵皮屋頂，這樣就不怕漏水，也不用每年換屋頂了！」雖是老生常談，但在跟這家人相處時，我卻是真實地感受到，人的快樂不完全取決於擁有的物質財富，更重要的是，有沒有活在愛與希望之中。

一家人也吃得相當簡單，幾乎沒有例外，餐餐都是樹薯或大蕉，配魚。魚是當地人最主要的蛋白質來源，由於他們是住在淺山地帶的亞馬遜民族，距離大河較遠，所以主要是捕食溪裡的小魚。人與溪的關係相當緊密，每戶人家都緊鄰著流水而居，分布在這條小溪的上下游兩岸。家家戶戶都有魚網，還有一個坐在屋簷下修補魚網的男人。

有次，爸爸邀請我們跟他們全家一起去「玩水」。爸爸拿起掛在簷下的魚網，兩個最小的弟妹也蓄勢待發，我們就這麼一起往家旁的小溪走去。爸爸會先輕手輕腳地走近溪中的大石，然後冷不防拋出魚網，將整顆石頭罩住。接下來所有人就會一擁而上，將頭埋進水中，手伸進網內、探進石縫之中，將魚一隻一隻抓出來。這種漁法抓的主要是一種鯰魚，這種魚重守輕攻，身上有很硬的鱗片，像鐵甲武士一般，不過游速慢，大都棲息在溪底，遇到危險就往石縫裡躲，當地的人們就利用這種特性抓魚。

我帶了面鏡入水，但爸媽都可以在水中睜眼，而且非常善於判斷魚窟，小姊姊的身手也很不錯，至於兩個弟妹則是玩水成分居多。全家人就這樣靠著團隊合作（「魚跑到你那邊了！」「你在那邊埋伏，我從這裡抓。」）攻陷溪裡一顆一顆的大石堡壘，抓了滿滿一桶魚。媽媽一回家立刻生火，將幾根生大蕉剝皮、磨碎丟進鍋裡，煮了一鍋熱呼呼的鯰魚羹湯當晚餐。

那陣子剛好是姊姊的生日，家裡為了舉辦生日宴會（不知為何，我們真的很容易遇上當地人的生日宴會），從一週前就開始準備了。

媽媽說要釀很多樹薯酒，因為宴會那天會有很多人來家裡，全家人便一起上山挖樹薯。拔樹薯需要滿大的力量，成了我跟爸爸的工作。我們雙手握住樹薯主幹靠近地面的位置，使出吃奶的力氣將土中的塊根成串拔起，稍微抖去上頭的泥土。這時女人們就會接手工作，將又肥又長的樹薯一根根砍下，裝進藤籃子裡。小姊姊個子雖矮，那砍刀幾乎跟她半身一樣長，但也一起熟稔地揮刀工作，爸媽連看都沒看一眼，一點都不怕她砍到手。

從社區工作日那天，我就發現這個村莊的樹薯酒有紅、白兩種，在跟媽媽一起釀製的過程解答了我的疑惑。原來這裡的樹薯酒會加入大量的紅色地瓜，除了顏色漂亮，也會帶有另一種甜味。而他們使用的發酵神祕配方也跟我們之前認識的不同，除了以一些生地瓜作為酵母外，媽媽還會一邊攪和煮好的樹薯泥，一邊挖一口放進嘴裡，充分咀嚼後再吐回大缸裡。原來這就是鄉野奇談的口水發酵法！所有的工序我都跟媽媽一起完成，唯獨這項我決定讓媽媽獨立作業。

宴會前一天，爸爸在地上挖了一個大坑，頂著烈日，揮汗如雨地劈了一座小山的柴，準備要做地窯悶食。媽媽則準備了樹薯、大蕉、地瓜、玉米等等，還殺了三隻家裡的雞。

不過她似乎覺得不夠，特地又進城一趟，再背了三隻雞回來。全雞挖出內臟後，把調製好的香草醬料塞進雞肚子裡，外頭也抹上厚厚一層。窯燒熱之後，厚實的根莖類先放，雞則在最上層，讓雞油往下滲，最後挖開窯時，所有的食物都沾上一層香。

宴會從太陽下山之後才開始。雖然家裡有特別邀請一些朋友，但因為空間是開放的，也有很多不請自來的客人，甚至有隔壁村的。爸爸特地借了發電機、音響設備跟幾盞燈，把小茅屋前的空地變成叢林舞池，所有人都閒散自若地聚在昏黃的燈光結界裡。

宴會沒有時刻表，在一個不經意的節奏下揭開序幕。媽媽從廚房裡走出來，提著一水桶的樹薯酒，裡面放了兩三個杯子，開始給在座的所有人斟酒。爸爸也站到主燈下，拿起麥克風開始發表演說。不一會，媽媽又開始出來發餐食，每個人都拿到滿滿一盤。而此時舞台上又換了個節目，小姊姊則特別換上新衣服，站在鎂光燈下，接受大家的祝福。

整個宴會就在餐酒、偶爾的演說、音樂跳舞之間交替進行，輪了幾回樹薯酒後，我跟小魚也被眾人拱到台上跳舞。

我的酒力差，不久就逃回蚊帳呼呼大睡了。隔天媽媽才告訴我們，宴會的後頭還有高潮，他們特地從鎮上買了鮮奶油蛋糕回來（在這種偏遠小村子裡，這可是會讓眾人瘋狂的存在），媽媽原想把我們叫起床，但我們完全不醒人事。我晃著宿醉的腦袋，聽著媽媽補敘前一晚的嗨賴，她說小魚跳舞很好看、我跳舞像醉漢（當然，我是真的醉了），其實我都已經完全沒印象了，倒是爸爸在宴會一開始的演說還依稀記得：

「非常謝謝大家來參加我女兒的生日宴會……孩子是我們最大的寶藏，我希望他們能好好長大，也謝謝村裡每個人給她的教導跟祝福……前幾天我帶著孩子們在溪裡抓魚，全家人一起，而我們來自台灣的朋友也跟我們一起……這是我們的風俗、我們的文化，是我們能夠給孩子最珍貴的禮物……」

雙語學校

不論大人或孩子，男人全都穿著白底、黑色條紋的傳統無袖長袍，女人的袍子則是以植物染成深棕色的棉布，再以黑色汁液繪上圖紋，並在袖口、肩線縫上各種植物的籽實。幾名高年級的男孩子舉旗進場，一聲令下，全部的人唱起了 Asháninka 語版本的秘魯國歌。

這樣的全校集會在每週進行一次，所有人穿族服到校、唱族語國歌。或許是因為 Asháninka 是秘魯境內為數最眾的亞馬遜民族，其民族文化教育發展得相當完整。連學校上課所使用的課本，內容都是充滿當地風俗的生活場景，例如編織藤籃、種植樹薯、採集藥草用作蒸氣浴等等，連連看的題目則是配對溪裡魚類的名字。

學校就在村子的正中心，或者說，他們原本是以散村的形式居住，政府蓋了學校後，才有愈來愈多的人家搬到學校附近，慢慢形成村子的現貌。不過仍有許多學生每天大概要走一到三小時不等的路程來上學。而所謂的學校，就只是一排的房舍充作教室，外頭的空地就是集合場；沒有圍欄，整個校園是開放式的，與村子融為一體。

學校旁邊的大樹下是學校的「福利社」，有個太太每天都會在那擺攤，賣些自己做的家常小點心，販賣的對象除了學生外也包含所有村民。太太對我們很好，很常請我們吃檸檬醃魚或漢堡夾蛋，讓我們在每天三餐的樹薯跟烤魚之外，還有一些舌尖上的消遣。

其實學校是有供餐的。在那一排校舍的最末，是社區的公共廚房，村裡的婦女會排班掌廚。政府每月會運補一次孩童的物資，都是米、麵、燕麥、牛奶罐頭、鮪魚罐頭之類的常備食品（學校後頭挖了一個巨大的坑，裡頭是多年累積下來的罐頭垃圾）。當然，很常會有食物短缺的時候。當天集會的最後，校長（原來那個在社區會議中滔滔雄辯的壯年男子就是學校校長！）在台上宣布：「我們的米吃完了，明天請每個人從家裡帶一根樹薯來！」

也因為學校與周遭環境是一體的，孩子們下課的遊戲都是直接跳進溪中，而老師對學生的處罰就是禁水令。其實我很懷疑學校是否有固定的上下課時間，因為溪裡頭好像永遠有人（不管是大人或孩子）在泡水。有次我跟小魚去玩水，發現村長家的豬也泡在水裡，短小的四肢攤在溪底，臉上笑得跟狗一樣燦爛。

有個女孩總喜歡找小魚去溪邊跳水游泳。她有棕褐色的皮膚、深邃輪廓、圓亮的大眼睛跟捲翹的睫毛，相當漂亮，但長得跟其他族人比較不一樣，應該是混血後裔。她非常開朗活潑，總是像小鳥一樣跳來跳去，而且自帶晴天娃娃，跳到哪烏雲都會散開。說來很剛好，我跟小魚有各自的社交擅場，我比較習慣跟老人互動，小魚則很有孩子緣。而我也感覺得出來，玩水時如果我在場，女孩們會有點彆扭，所以她們去游泳時我總會刻意迴避。女孩們多嘴，在溪邊一待就是幾個小時，孩子們練習英文，小魚則練習西文，也學一些族語。

有一次小魚跟女孩們游泳，回來後跟我投訴：「剛剛在溪邊，那些小女生把我拉到旁邊，說有問題要問我，而且表情超級認真，我以為她們要說什麼，」小魚一股腦地繼續說，連氣都沒換一口，「結果她們竟然指著我的胸部說：『你不是大人嗎？為什麼你的捏捏跟我們一樣？』然後還把自己的衣服掀起來，給我看她們的捏捏。」我聽了大笑，小魚還繼續憤恨不平地說：「哪有一樣！」

我們後來才知道，小女孩是校長的女兒，而校門口的福利社是校長太太，一家三口每天早上從鎮上騎著越野三輪車到村子裡。這種三輪車是當地的重要交通工具，聽說本身的設計並不平衡，所以不好駕馭，再加上土石顛簸、地形崎嶇，當地人又常常超載，所以路上最常見的風景就是有車躺在路上，車主蹲在一旁處理落鏈或爆胎。話雖如此，這家人每天都是小女兒騎車載爸媽來學校就是了。

我們要離開的前一天，剛好學校有活動，一直到天要黑了才放學。校長一家人要回家了，小女孩抱著小魚，依依不捨地說再見，水汪汪的眼睛已經哭到紅腫。我們笑著安慰她：「放心啦，我們之後回秘魯，一定會再來找你們的。」

「不，我們可能再也不會見面了。今年是爸爸最後一年待在這個學校，明年不知道會調到哪裡。」原來校長職是輪調的，他們一家人也跟著爸爸換了好幾個村莊，小女孩一直在轉學。即使未來我們真的再回到秘魯、再回到這個小村子，也物是人非了。

我還陷在感嘆的情緒之中，出乎我意料地，小女孩放開小魚後竟又衝向我，幾乎是撞上來地緊緊抱了我一下，那力道透著真誠的情感，並不是成人的禮貌性擁抱。然後跳上駕駛座，載著爸媽消失在黑暗之中。

/

離開的早上，我們打算到前面的路口攔便車，先到村長家道別。村長一家人正圍坐在高腳屋的前廊吃早餐，他要我們別急著走，他也有一台三輪車，今天剛好要到鎮上開會，可以順道載我們一程。說著也拿了一盤樹薯跟魚乾給我們，然後又遞上一臉盆的樹薯酒。

雖然這陣子每天都吃這些，但日後我應該會很懷念這個味道吧！我啜飲了一口樹薯酒，已是濃濃的酒味，讓人暈暈的。

靈山

［安地斯 Andes］

抉擇

一艘單薄的鐵殼船在寬廣的黑河上航行，天地遼闊到我不知道自己身處何方。離開了雨林裡的村落，我們即將回到河港城市繼續旅程，但接下來該往何處前進？我心中卻舉棋不定。

事情要從一個多月前，我們正要開始從安地斯山地一路下行到亞馬遜雨林說起。我們在一個被古印加王國稱為「聖谷」的地方落腳停歇，意外認識了一見如故的Mo及Ma。後來我才知道，他倆是屬於某個靈性傳承。一次，Mo帶我們爬到後山上的印加遺址，整齊的砌石梯田嵌入半圓弧的山坳地形內，自然的力量與人的力量共同塑造了眼前的大地。很難解釋，但你可以感受到一股天地間的能量在此薈萃。Mo 說，這是過去半月神廟的遺址，也是他們現在每年進行靈境追尋儀式的地方，而今年的儀式即將在兩個月後開始。

雖然 Mo 只是清淡樸直地跟我們說著這一切，我卻感受到言詞之外，有著未說出口的邀請，如路邊的小白花，誠懇而美麗地默默綻放。

說到靈境追尋，我並不陌生。這是源自北美原住民的傳統，近年也被引入台灣。簡單地說，靈境追尋者將進行野外獨處，四天四夜，不吃不喝，以尋求大靈指引生命之道。但在 Mo 及 Ma 所屬的傳承中，靈境追尋不僅僅是四天，而是四年。求道者必須許下承諾，一旦開始這條路，就必須連續四年回到同一個地方進行靈境追尋，以完成「學習」；甚至在四年後，開始進行「奉獻」。或許也是因為如此，這個傳承並不對外公開，僅透過內部成員私下邀請。

奇怪的是，雖然我在台灣就曾聽聞靈境追尋，身邊也有一些朋友參與其中，不過我從來沒有萌生參與的念頭。但在 Mo 及 Ma 提及的當下，我竟然感受到一股驅力，像是暗夜的飛蟲般想向火光靠近。

理智上，我知道這並不符合我們旅程的安排，一來我們當時才正要道別安地斯山、開啟我們的亞馬遜之旅；二來我們的簽證效期也不夠待到儀式之時；更別說這個傳承還要求我們承諾四年的投入了。然而心裡的感覺卻如止不住的浪一道道襲來，而過往的生命經驗告訴我，大腦的理智只能使用在解決問題的層次，談及生命的方向則必須跟隨心的指引。但當時我的理智拒絕臣服，我們最終還是決定先依原定的安排，往亞馬遜前進，把靈境追尋之事暫擱在心底。我們也確實在雨林裡經歷了一段刻骨銘心的旅程。然而，抉擇的時刻終究到了。

「這條路是給所有人的，但只有當你準備好時才會為你打開。」船身在河上搖擺，濺起喧囂的水花，閉上眼，我又想起當時 Ma 對我說的話。

四年的承諾，我準備好了嗎？

要連續四年回到南美大陸，光是機票我就不知道怎麼生出來。還是乾脆花四年的時間住下來？不行啊，兩隻狗兒還在家裡等我，而且這不是我個人的事，小魚呢？雖然小魚說如果我決定進行靈境追尋，她可以志工身分參與，但她並沒有感受到召喚。而我明白，如果我上路了，小魚不可能只是一個單純的志工，我們的生命必然互相牽引。

「你支持我嗎？」在船上，小魚在我身邊睡著了，我問她，也好像是在問天地、問泥黃的河水、問永遠無私照著人間的日頭。河水依舊隆隆，拍打著船身。

城市的輪廓終於出現在岸際，船緩緩靠岸。

下了船，我心中仍無定案，要往下游繼續這趟大河之旅？還是掉頭，往上游回到安地斯山，參與靈境追尋？河岸的旅人來來往往，賣水果、剉冰、飯包的小販川流其間，我無意識地走到船公司的櫃檯詢問船班。

「請問有往 Iquito（下游）或 Atalaya（上游）的船嗎？」

「有啊，再過半小時就要開了，船票一百四十塊。」

「是往哪裡的？」

「Atalaya。」

就這樣，我跟小魚又上了船。

追尋

我們決定旅途急轉彎，從亞馬遜河調頭回到安地斯山上，參與靈境追尋儀式。這個傳承來自北美大陸的 Lakota 人，他們有一套完整的靈觀與療癒、成長、祈福儀式，長久以來也廣泛影響周遭的其他族群，形塑了北美印第安人的整體信仰。

這個傳承源自一個古老的傳說：

在遠古時代，有一年鬧了嚴重的糧荒，長老派出部落最頂尖的兩名斥候去尋找解方。

兩人翻山越嶺，看到遠方忽然颳起強風，一團白雲出現在天地之間。仔細一看，竟是一個披著純白野牛皮毛的女子。其中一名男子十分著迷，跟另一名男子說，他要娶女子為妻。另一名男子立刻提醒他，眼前的女子必然是聖潔的存在，不可有褻瀆的思想。但第一名男子已經為女子的美貌著了魔，執意往女子走去。

當他終於來到女子身旁，四周又颳起了風，白雲將兩人籠住，不久雲散後，女子又出現，但男子已經化成一團白骨。第二名男子嚇呆了，立刻準備抽箭，這時女子開口說：「你不必害怕。這男人對我有非分之想才會這樣，但我可以看見你純淨的心，你不會有事的。帶我回你們的部落，我是來拯救你們的。」

男子聽了，立刻將女子帶回部落引介給長老。女子賜給族人一只神聖菸斗，教導人民以菸草進行祈禱，與天地萬靈溝通，並傳授守護大地之母的七大儀式，族人才從糧荒之中獲得解救。

直到今日，這套祭儀系統仍然在 Lakota 的社群之中被實行，而靈境追尋正是這七大儀式之一。

「靈境追尋」在傳統中是與大靈對話的方法，當一個人在面臨生命的困境或難題，或有意尋求人生的方向時，便會進行這個儀式。

一場靈追儀式會分為求道者與守護者。每個求道者都有一個守護者，在求道者上山獨身的期間，守護者會在山下為他祈福、為他吃、為他喝，點燃神聖菸草作為聯繫。而求道者在上山之前，必須向四方、天地、大靈，以神聖菸草進行四百零五次的祈禱，透過飲食作息調整身心，並進行四次的蒸浴淨化；最終帶著祈禱與探問入山，四天四夜，禁食、禁水、禁語，整場儀式長達十天。

真正的靈境追尋並不僅僅是這十天。求道者將帶著在靈追中的看見回到日常的試煉，一年過後，再帶著新的祈禱與探問，回到一開始的靈追之山，重啟與大靈的對話。也因此在每年的十月，正值南半球之春，散落在秘魯（甚至地球）各處的求道者便會聚集到這安地斯山地裡的半月神廟遺址，重新燃起古老的火炬。

然而，一個屬於北美原住民的傳統儀式，為什麼會出現在南美洲的安地斯山上？這得從此傳承的召集人 Lu 說起。

相隔一個多月後，我們再度回到安地斯山地上的印加村落，Mo 正在土牆圍起的院子中工作。看到我出現在家門口，Mo 立刻上前給我一個擁抱，並引我進入屋內，告訴我他們已經在為即將開始的靈追作準備；Lu 也遠從阿根廷來，暫住在家中，我可以跟他好好聊聊。

走進依著山坡而建的屋子，架空的木板地嘎吱作響，一個穿著 Gore-Tex 防寒外套、留著金色長髮的年輕白人男子正坐在沙發上講手機。那西語腔調有種輕浮感，我後來發現阿根廷人說話都是這種調調。我看著眼前的男人，跟我想像中的印第安薩滿形象實在兜不起來，比較像是嬉皮背包客。直到他終於放下手機跟我對談，聊起自己的經歷，我才終於把他跟這一切連結起來。

Lu 或許不會把自己定義為嬉皮，但多年前，他確實面臨了某種徬徨，覺得自己跟體制內的社會格格不入。在他看來，阿根廷是典型的「南美洲的歐洲國家」，社會福利制度發展完善、人口也以白人為主，看似富足的社會表象卻隱藏著歷史的傷口，原住民在殖民的過程中幾乎被全數消滅。他覺得自己雖然托著白人的軀殼，卻住著印第安的靈魂，但在當時的阿根廷，他完全找不到能教導他傳統事務的人。

他開始在整個美洲遊歷，想尋訪亞馬遜的巫醫草藥及安地斯的印加薩滿。當時也正是美國的印第安原住民文化復興之時，因緣際會下，他跟隨 Lakota 的長者們學習傳統儀式，並隨著 Lakota 社群的擴張，將相關的儀式傳承帶到中南美洲交流。

一直到前幾年全球新冠疫情爆發，秘魯的整體社會瀰漫著一股悲觀與恐慌的情緒能量。耆老把他招來跟前，告訴他，地球上的人們正面臨嚴峻的挑戰，是時候重建人心，為全人類及地球的福祉祈禱。他被指派一個任務：要到安地斯山上的聖谷之中，點燃靈境追尋的火。

「但你知道，了解這些儀式跟帶領是兩碼子事。就算這些儀式的細節我都很熟悉了，但第一次來的時候，我發現我根本沒辦法帶領。」Lu 依然用他一貫輕鬆的語調講起當時的困境，心裡好像還留有當時的無力感。

還好，那時候他遇到了 tio。

印第安薩滿

早上五點，高海拔的山谷中，陽光還在賴床，空氣依然如寒冰，如猛雷般的鏈鋸聲突然打碎寧靜。

Tio 已經在山上工作，用鏈鋸將高大粗實的尤加利樹鋸成一段一段。我和幾個年輕人趕緊離開溫暖的帳篷，穿過營地旁的溪流，爬上陡直的山壁，加入工作的行列。我們用鋼釘跟鐵鎚將段木劈分，再一根根扛回營地堆排整齊。準備工作如火如荼地進行，除了備柴，還要搭建臨時茅坑、廚房、聚會圓錐帳、蒸汗小屋與火圈。

Tio（西語「叔叔」的意思，我們都直呼他tio，不過其實他已經八十歲了！）來自墨西哥，幾年前因為一個國際人道援助計畫來到秘魯安地斯山上，也恰好在那時遇到徬徨無助的Lu。Lu興奮地發現，眼前這個身材瘦小、總是一身古板牛仔裝、灰白長髮紮成馬尾、臉上卻神采飛揚的老頑童，竟然就是一個道地的印第安薩滿！他倆的合作隨即展開，Lu擔任召集與策劃，tio則是儀式的領導長者，各種粗重的工作也都親力親為。

一天，tio將所有人召集到剛搭建好的蒸汗小屋旁，那裡擺了一個尚未點燃的火圈，所有人圍坐其間。他點燃一只菸斗，先將菸草獻給天地，並讓身體也浸淫在白煙之中；然後敲擊皮鼓，用低沉沙啞的嗓音詠起古調，一種來自地底深處的旋律伴隨著怦然的心跳迴盪在場間。

他宣告儀式的開始，請求天地萬靈的關照。一旦圓圈中心的火燃起，便不會熄滅，直到所有儀式結束，顧火人必須日以繼夜地守護。而求道者們被送上山前，還有各項前導儀式必須進行，其中最重要的就是蒸浴淨化，這也是當初白色野牛女子傳下的七大儀式之一，甚至可以說是其他所有儀式的預備。

一場蒸浴儀式，眾人會擠在低矮、密閉又漆黑的蒸汗小屋裡頭，燒燙的石頭從火圈被請入小屋，灑上水之後，瞬間熱氣蒸騰，眾人便在其中吟詠與祈禱。說來簡單，但親身經歷時會有種被吸入黑洞的感覺。或許是因為在密閉擁擠的空間，熱蒸氣、鼓聲、言語交織成強烈張力；人與人之間的藩籬疆界消失，整個蒸汗小屋變成一個共振腔，所有人的意念交融為一。所以，帶領人非常重要，必須要有足夠強大的左右腦平衡，一方面能連結感應，一方面要保有清晰的理智，更重要的是純淨的善念，去引導眾人的方向。我們在其中，除了為個人的生命祈求，也為全世界的平和祝禱。

生理期女性不能參與蒸浴儀式，這是傳統規定，tio 的變通做法是為生理期女性加開專屬場次，由另一位薩滿女巫帶領。我在台灣與原住民部落一起工作時也常遇到對生理期女性的限制，對此，tio 是這麼跟我們說的：

「女孩子自己可能沒發現，其實你們在生理期間有很強的巫力，在蒸汗小屋裡會很明顯。我可以撐住，但我看過很多年輕男孩子因此暈倒……」

如果以科學解釋的話，或許是費洛蒙的作用，就像一同生活的女孩子月經週期一定會互相影響，更別提在這樣密閉、人與人緊密融合的蒸浴儀式裡。小魚後來有個切身的經驗，那次她狀態很好，做完第一次全體的蒸浴後欲罷不能，緊接著又參加給經期女性的蒸浴。但她說她一進去就後悔了，一股不知為何的強烈煩躁跟抑鬱席捲而來。

這個規矩剛開始也讓某些參與儀式的白人女子相當不悅，認為是一種沙文主義。「但我希望女孩子們可以理解，我們不希望生理期的女孩子參與蒸浴，甚至不進廚房工作，其實是要你們好好休息。現代社會太不重視休息，休息被視為沒有產值的活動，但這其實是大自然的韻律。女人的生理是跟著月亮設計的，老人家觀察月亮的陰晴圓缺就知道女孩子需要這樣的休息。」Lu 也說：「在我家有個獨立的空間，叫『月亮小屋』，只要我的伴侶生理期來，她就會到月亮小屋待著，什麼事都不用做，我會送三餐跟花過去。我們都開玩笑說那是她的靈境追尋！」

事實是，蒸浴淨化是榮耀陰性的儀式。蒸汗小屋象徵著大地之母的子宮，裡頭的熱度與溼度是宇宙初始的混沌，也是我們每個人在來到世間前的狀態。換言之，每次的蒸浴淨化就是一場心靈的重生儀式。

如果仔細觀察，蒸汗小屋跟我們現在正圍坐的火圈，實際上是陰陽的一對。在空間配置上兩者必定互相依偎，一東一西，蒸汗小屋的門口會正對著火圈，形成一條神聖連線。

「在我們的傳統文化中，強調的是陰性與陽性的平衡，老人家知道那才是大地富饒、萬物和諧的關鍵。」tio解釋。我想，或許我們會聚集在這個半月神廟的遺址進行儀式，並不是巧合。

/

接下來的幾天，我們每天都必須進行蒸浴、例行的營務工作，同時求道者也必須抽出時間，靜下心來完成自己的四百零五次祈禱。直到上山的前一晚，tio又將所有人聚到火圈，將一只海螺交付給火人，叮囑他隔天早上五點準時吹螺——我們將在天未亮時進行最後的一次蒸浴，然後就出發上山。雖然一身疲憊，我卻帶著清明的意識與一點興奮回到帳篷就寢，準備迎接人生的第一場靈追。

不過當時發生了一個小插曲。火人在隔天明顯提早了許多把所有人叫起床，大家也沒有追究，就這麼開始了當天的流程，事後才有人問起這件事。

「為什麼你四點就吹螺了？」

「我不小心睡著了！我驚醒的時候看到 tio 已經在工作，我想說完了睡過頭，就馬上吹螺……怎麼知道才四點！」眾人聽了大笑，紛紛把頭轉向 tio。

「我每天大概三、四點就會起來了，不過我會先做安靜的事，等到五點我覺得大家該起床了才啟動鏈鋸。」

風雨來襲

「所以守護者到底要做什麼？」

「我根本不知道自己在這裡幹麼，是他要去靈境追尋，我以為我只是陪他來，沒想到有這麼多事情要做……」

我坐在小魚身邊，聽著她跟 Lu 的對談。Lu 用他一貫輕快的說話方式回應，但我的心早已陷到谷底。

從我們進行靈追儀式的準備工作開始，小魚的情緒狀態一直不是很好，此時終於爆發出來。雖然她是對著 Lu 說，但那些話語卻像針一根根插進我的心裡。

是我害小魚這麼累的嗎？原來小魚根本不想當我的守護者？雖然我知道小魚的本意可能不是如此，或許是諸多的負面生理感受使然，畢竟那時她也剛好生理期，還得在半野外的營地裡睡帳篷、蹲茅坑，而我又常常去幫忙營務無法陪她，她絕對有千萬個情緒炸裂的理由。

但我也無法否認自己心裡那種不被支持的感受。

往回看見自己的內裡，我知道自己向來是個不習慣向外求助的人，只有在面對自己的伴侶時，我才向小魚提出了擔任我的守護者的冀求。如果小魚跟我一起談論她的困難，我可能還會泰然處之；但當這情緒炸開，我感受到小魚心底潛藏這麼多我不知道的不情願時，讓我的心瞬間崩塌。

那陣子我們有了很多對談，情緒難熬，有時也淪為爭執，但我們仍試圖在其中同理彼此的感受。上山的前一天，我拿出準備好的一袋水果交給小魚，那是我上山四天的「糧食」（守護者必須為禁食期間的求道者進食）。這時一位也要上山的秘魯女子來到我們身邊，給了我們一些糖果，她笑著說她準備得太多了，要請我們幫忙消滅。她的袋子裡頭有各種糖果餅乾，小魚看了說：「我好想當你的守護者喔！」

雖然有點玩笑成分，但也讓我理解到自己可以再多點體貼，或許很多我沒放在心上的事對小魚來說卻很重要。看著小魚默默將那袋水果收起來，我突然明白，如果她炸出那麼多情緒，那勢必代表著她的內心有很多恐懼存在，但她仍頂著那些恐懼出現在這裡——其實心底深處，我們都是願意支持彼此的。

上山的日子終於到了。Tio 領著我跟小魚爬上一片陡直的山壁，中間有個僅容得下一人的小平台，由小魚為我用我的祈禱旗設置結界，tio 為我吟詠祝頌後就掉頭離開。當時求道者已經被要求切斷所有與外界的眼神跟肢體接觸，但我仍用眼角餘光看著一切，小魚拄著她的登山杖，慢慢地、有點不平衡地，走下陡峭的山坡。

意外的是，在我下山那天，小魚戴起了頭飾跟項鍊迎接我，我感受到她的能量狀態變得不一樣了。小魚告訴我，我待在山上的這段時間，因為守護者群中剛好有幾位來自巴西亞馬遜部落的薩滿，某個夜裡他們便為所有留守山下的人們進行了一場死藤水儀式。小魚就這麼陰錯陽差地，喝下了人生第一碗孟婆湯。

這幾年小魚一直陷在與原生家庭的緊張關係中，尤其是跟媽媽之間的情緒張力，讓她備受煎熬。在她喝下死藤水後，開始有強烈的嘔吐感，很多沉在心裡最底層的淤泥也隨之翻攪出來，許多視幻影像開始清清楚楚地出現在她眼前。其中一段她認出了她的母親，正經歷著一段被沉默消音的傷痛往事。她看見了母親心裡隱藏的傷口，也感受到這個傷在自己身上隱隱作痛，原來傷痛在家族裡代代相傳。

那一夜儀式的最後，她流下了釋然的眼淚，知道與母親之間的心結或許不會就此解開。但她明白母親的盡力，也知道家族的療癒工作得從她開始做起。

整整十天的靈境追尋儀式結束後，大部分的人都已經離開，剩下幾位核心夥伴跟我們，忙完收拾工作之後，輕輕鬆鬆地圍坐在火邊，Lu 抱著吉他彈唱起來。Tio 點了一支菸傳下來，眾人以菸祝禱；每個人也都互送古柯葉，傳達對彼此的感謝與祝福——古老的神聖植物聯繫了人與人、人與萬物。

火熄了，圈也準備散了，大夥起身背起自己的行囊。這時Lu卻朝我們走過來，我以為他要補送我們古柯葉（他剛剛一直在彈吉他，太忘我了），沒想到他卻在我們面前把胸前的項鍊脫下，雙手捧著交給了小魚。

「Powerful woman, thank you. Take care of my brother...」

Lu對小魚說，臉上的笑燦爛如陽。我們三人緊緊相擁。雖然整場儀式參與者眾，他又有許多事要忙，但他默默地關照著每一個人，看著每個人在自己的道路上努力，適時地扶每個人一把。

或許這才是他這些年在薩滿傳承的訓練中，領悟到的真諦。

「喝死藤水的時候，我也看見了你的前世。」回到台灣後，某次與朋友的聚會中，我們又聊到當時的事，小魚突然這麼對我說。「我也不確定那真的是你的前世，還是我自己潛意識的投射，但那個影像真的很清楚。」

「我看見你曾經是一個作惡多端的盜賊，或奸商，我不是很確定。但後來你下定決心要改過向善，就出家修行，一個人到山上隱居。那個山很漂亮，都是白雪……所以你這輩子才能這樣清心寡欲地過日子。」

「你相信嗎？」

我陷在沒有盡頭的思緒當中。

或許累世的因緣造就了每個人當前的生命狀態，其間的喜悅、困頓、悲傷或釋然也都是世間昇華的過程。不管我前世是否真的是惡徒，或僧侶，也可能根本沒有前世，對我而言，重要的是我是否看清現在的自己在哪裡，要往哪裡去。

這一切的答案，或許在我自己的靈境之中。

靈境

「把你的話全部留在蒸汗小屋，只帶著你的探問與一顆空靜的心上山，接受大靈給你的一切。直到你再度回到這個蒸汗小屋，把你接收到的所有帶回來給你的人們。」

這片土地為何呼喚我前來？它究竟想對我說什麼？透過十年前的夢境、瑜伽課，而在生命的這個時間點把我帶到此處，雖然一切似乎都是隨機發生，現在回過頭來看，卻像是冥冥中的安排。接下來的我又該往何處去？

我帶著這些探問，最終上了山，坐在空蕩的山壁上，用我自己的祈禱旗圍起了結界，裡頭除了我，只有一株高大瘦直的尤加利樹。

千頭萬緒在我的腦海中奔流，唯獨時間像是靜止的。我們只被允許帶睡袋、睡墊，跟一塊塑膠布，如果下雨了就披在身上，連營繩都沒有，更別說食物或水了。面對日間猛烈的陽光，我只能盡量將自己縮身在樹幹細瘦的陰影面積裡，在樹影緩慢推移中感受時間的流動。第一天安穩地過了，我自覺狀況還算不錯。

第二天，我開始感受到強烈的飢餓，同時因為一天一夜沒喝水，口腔與喉嚨乾渴難耐。身體反射性地想吞口水卻一滴水都擠不出來，陽光變得更加毒辣。然而過午之後，天空竟突然烏雲密布，不一會開始有雨滴落下。我突然想到，因為當時秘魯遇上大旱，我們在蒸汗小屋裡常常唱祈雨歌，沒想到這會兒竟真的下雨了！我趕緊披上塑膠布，嘗試用塑膠布接水喝。

剛開始雨水累積得很慢，我只能舔塑膠布上的水珠，稍微溼潤唇舌，但也已心滿意足。但緊接著雨開始變大，我興奮地發現塑膠布上已經收集到真的可以喝下喉嚨的水。但我的快樂沒有維持很久，後來那雨實在變得太大，隨著我在喝水的同時，身體竟然也跟著溼了。原來雨水順著山壁流下，侵襲了我所處的平台，睡袋跟睡墊都進了水。

風雨一點也沒有減緩的趨勢，我蜷曲身體，將睡袋、睡墊都塞在塑膠布的保護範圍內，還得緊緊拉住、壓住塑膠布以防被風吹走。但塑膠布實在太小太單薄，只能盡量減緩雨水入侵的速度。同時氣溫也急遽下降，天由暗轉黑，慢慢地什麼都看不見了，只剩下狂風呼嘯、雨滴猛擊的聲音。我整個人躲在塑膠布下，裹著溼透的睡袋顫抖，又餓又累又冷。風雨就這麼持續了一整夜，到最後我已分不清自己是睡是醒。

不知道過了多久，當我再度將塑膠布掀開，外頭已無風無雨，四下一片寂靜，星星點綴整片夜空。我一顆懸掛的心這才真正地放下來，就這麼睡著了。

當我再度聽見聲音，是鳥兒在尤加利樹的枝頭上吱喳，光透過塑膠布照進我的眼皮，我掀開，四周草葉上的水珠晶瑩透亮，金黃的光輝映照在大地以及我的皮膚上，我感受到能量一點一點地流入周遭的山體、我的身體，以及內心最深的地方。那一刻，心中似乎有什麼東西消融了，喜悅與感恩盈滿心頭，我感受到天光在對我說：辛苦了，孩子，我來了。四周所有的花草土石都在歡呼：太棒了，你做到了！我們都做到了！天地間洋溢著真摯而溫暖的情感。

此時，我意識到自己雖然已經兩天兩夜未進食，但完全沒有飢餓感，反倒意識相當清晰輕盈。或許是生理的逆境讓我接通了某個頻率，一個聲音出現在我心裡，開始平穩而流暢地對我說話。我也不確定那是來自宇宙大靈，還是心底本源，但對我來說兩者是一樣的。那個聲音如是說：

我想告訴你的事，早已都顯化在你們的旅途中了，那些你們所遇到的，接待、收留你們的每一個家庭，都是我想給你的靈境。

這個世間運作的根本法則，如果要用人類有限的語彙去理解，就是「愛」。愛的本質是平衡與完整，是一種心底堅而不摧的安全感。你會用一生去理解，去實踐這條道路。

而我現在能夠跟你說的是，愛的有形體即是家。

雖然終極而言，愛的最寬廣形式是無處不是家，那是一種無邊的安全感，是人與自己、與世間最深層的連結與信任。但對有限的生命來說，家是愛得以展現的形體。如果說愛是光，那家就是燈泡。人都是從一個家的愛中出生、成長的。家是散布與涵養愛的場域，但同時，也唯有愛能建立一個家。

我想告訴你的就是，那些接待你們的家庭正是愛的燈塔。你們如海上漂泊的船隻，被他們吸引，他們也以愛之光包覆你們。他們之所以能夠如此，正是因為愛在家中繁衍不熄。爸媽照顧兒孫，人們照顧土地，而土地也回報以豐盛。人與人之間、人與萬物之間，相親相愛、相互扶持。唯有在整體的完整與平衡之中，愛才得以生息。

你們也要找到屬於你們的土地，去建立一個家園，讓這個家成為愛的燈塔，為這個世界布光。在其中，你會是一個照顧者。家人之間互相照顧，照顧好屋子，照顧好田園，照顧生長在其中的所有動物與植物，每一株花草、每一棵樹木；照顧這個空間使其成為能夠照顧人的空間。每一個來到這裡的靈魂，不論是曾經受傷或企求成長，都能找到一個避風的港灣，重拾生命本質的平靜與心安，再次與自己及自然連結。

做一個愛的散布者。不帶恐懼地去愛。你給出去的愛，會在這個世間流轉，也流回向你。就算沒有也無妨，因為愛就在你心中，源源不絕地流出。

與你的周遭維持和諧的關係，帶著恩典與優雅去生活。永保對世界的信任與愛，世界同樣支持著你們。

/

看似靜止的樹，實則輕輕搖晃，發出細柔的沙沙聲。樹上的鳥吱吱喳喳，輕聲而清晰，掩蓋著遠處細微而低沉的人群聲，然後一點一點，慢慢變大。

「走這邊，那邊太陡了。」

「他在那裡！」

「Tio，現在可以有眼神接觸了嗎？」

「不行，他要回到蒸汗小屋才能打開自己，現在只能幫他解開結界。」

「唱歌吧。」

沙鈴的聲音在空間中震盪，無預警向我沖擊而來，透過耳膜的振動進入我的身體，像一道光，穿透了祈禱旗布成的結界。接著是人的聲音，一個熟悉而高亢的聲音，唱起了一段記憶深處的旋律，緊緊地敲擊著我的心門。

我像是從一場很長的沉睡中逐漸甦醒，心裡很平靜，身體卻不自覺地顫抖，淚水侵襲我的雙眼。

我認出那是小魚的聲音，唱著生養我的那塊土地上的布農古調：安納納蝶兜……

耳語

［安地斯 Andes．亞馬遜/Amazon］

跨越邊境

靈境追尋結束之後，我看待這趟旅行的方式突然不一樣了，這不再是一趟單純的漫遊，而是生命給予我們的指引。此時發生另外一件事，我的拜把兄弟傳來結婚喜訊，我在多年前就答應做伴郎，所以就這麼敲定了回台的時間。突然之間，我們好像已經可以預見這趟旅行的結尾！

我們在靈追中認識的一位加拿大猶太朋友介紹了一些厄瓜多的聯絡人給我們——當然也是因為我們在秘魯的簽證已經過期一個多月，必須離開——我們便決定將旅程最後的這段時間留給厄瓜多。

轉了幾趟長程巴士，才把我們帶到祕厄邊境的城市，我們在此整頓，準備搭乘夜巴跨越國境。巴士公司為我們解釋跨境的流程：車子會開到兩國的郊外邊境，我們必須下車，在兩邊的海關辦公室蓋章，車子才會繼續把我們載往厄瓜多境內的城鎮；我們的簽證過期罰款也必須在邊境辦公室繳納。

只不過，此時我們身上的現金所剩不多，過去待在秘魯的經驗告訴我們，當地信用卡的使用還不普遍，為防萬一，我們決定去提款，備足繳納罰款的現金。

我們來到某間銀行的ＡＴＭ，確認有VISA標誌可以跨國提款，沒想到就在我們確認一切都輸入正確，只剩最後吐鈔時，機器竟然直接退卡。我們以為是機器的問題，又換了幾台操作，但結果都一樣。最後詢問銀行人員，才知道原來這家銀行的ＡＴＭ預設密碼是四碼，但跨國提款密碼是六碼，機器把我們的後兩碼截掉，相當於我們一直用錯誤的密碼嘗試提款。我聽了心想不妙，因為這代表我們會被鎖卡，果然，換了其他銀行的ＡＴＭ也都無法提款了！

我精算了一下我們身上的現金跟簽證過期的天數，發現就這麼剛好，如果夜巴在凌晨十二點前抵達邊境，我們的錢會剛好夠付罰款；但一旦跨過子夜，就要多算一天的滯留費，我們的錢就會不夠。天啊，我們搭上的是灰姑娘的南瓜馬車嗎?!

我決定要用意念迎戰，抱持坦然的心，隨遇而安——反正我們現在確實也沒辦法做什麼。但小魚卻依然非常焦慮，擔心我們會卡在邊境、露宿街頭。我決定去找個可以舒服吃頓最後的晚餐的地方（最重要的是可以接受信用卡付款），便讓小魚先在公園休息，我一個人上街尋覓。

物色好餐館，回到小魚身邊的時候，我發現她身旁坐著另一位男子，兩人正在交談。我上前去打招呼，也跟小魚交換了一下資訊。我們跟男人告辭，正要轉身離開，沒想到男人突然叫住我們，什麼也沒說地從錢包裡掏出一張鈔票遞給我。我還來不及反應，男人笑了一下就離開了。

這是什麼魔法？沒辦法提款，但我們的現金竟然就這麼剛好足夠了！

當我回過神，已不見男人的背影，但我確信他一定是天使。我們就帶著這種幸運之神總是看照著我們的信念，到餐館去飽餐一頓，然後上了夜巴，在昏暗搖晃的車廂裡慢慢睡著。

當我再度醒來，巴士停在山間一處漆黑空曠的停車場，一旁有一棟透出幾盞明燈的現代水泥玻璃建築。看來我們已經到達邊境辦公室，車上乘客熟悉地下車，我們就跟在人群之後。

辦公室裡空蕩蕩的，只有兩張相隔甚遠的桌子，分別是秘魯與厄瓜多兩邊的海關。秘魯的海關是兩名年輕男子，其中一名男子收了我們的護照查看，並在一旁的電腦鍵盤上敲敲打打。

「你們已經非法停留了喔……有繳罰款了嗎？」

「是的，我們現在可以繳。」我一邊說，一邊從錢包裡拿出妥善保管、清點好的現金。

「不是，我們這裡不收錢，你們要到秘魯銀行繳，再把收據給我們。」

「那請問銀行的櫃檯在？」

「這裡沒有，你們要到出發的城市，那裡才有。」

我聽了有點傻眼，心裡還懷疑是不是我西文不好聽錯了，但他的西文非常清楚，我實在無法欺騙自己。

「但巴士公司的人說我們可以在這裡繳罰款？」我試圖解釋並釐清狀況。

「他們應該是不懂流程。」

「那……我們現在可以怎麼做？」

眼前的兩人開始交談，我透過玻璃看著邊境辦公室外頭，此時空蕩蕩的，所有乘客都已經辦完跨境程序回到巴士上。巴士公司不懂流程，該不會也沒搞清楚乘客人數，就這麼把我們丟包在這裡吧……

就在這一瞬間，我覺察到心中開始湧現憂慮與焦躁的情緒。

我知道，一旦讓自己的心陷入慌亂，一切就會不可收拾。過去的經驗告訴我，在這種情境下，對我最有用的心態轉換是：接受。不管接下來發生什麼，即使情境看起來再壞，我都接受這一切，並坦然面對。當我願意接受，心海的浪就漸漸平和下來了。

「你們是中國來的嗎？」那男人突然又對我說。我開始跟他解釋中國與台灣之間難分難解的文化與政治議題。

「他是中國人。」男人指著他身邊那個比較安靜、總是低著頭的夥伴。

「我是四分之一。」那夥伴抬起頭，一雙單眼皮的小眼睛直直盯著我們，說：「我阿公是廣……東？是叫廣東嗎？」他的語音有點不確定，但我們一聽就懂，並開始聊起華語、廣東話、閩南話的差異。

「好吧，你們把錢留下，我們再幫忙繳。」那男人最後跟我們說。

就……就這樣？

我沒有遲疑地將錢交給他，屏氣凝神看著他清點現金，在護照上蓋章，將護照遞給我們。我接過之後深深地跟他道謝，然後頭也不回地離開，好像害怕隨時會被召回。在給厄瓜多海關蓋上入境章後，我們開心地一路飛奔到巴士上，腎上腺素還在血管裡奔流，巴士也咆嘯一聲，再度駛入黑夜。

跨境的路上險阻重重，但又好像冥冥中有助力，推了我們一把。

回到山上的家

跨境夜車在清晨把我們送到雲霧繚繞的安地斯山城，我們在車站大廳裡看著稀疏的人群，心裡帶著一點緊張與忐忑。突然，一個矮小厚實的男人出現在我們身旁，聲音宏亮地跟我們打招呼。

友人J極力推薦我們聯繫他的厄瓜多爸爸，我雖然信任J，但要在陌生的街頭跟陌生人相認，對內向的我來說還是有點壓力。爸爸倒是一點也沒遲疑，一見面就用他渾厚的嗓音說：「J的朋友，也是我們的孩子。」然後二話不說，扛起我們的行囊，帶我們搭上公車，前往他在市郊的家。

一進家門，我們就被一群雞、鴨、火雞、四隻狗跟一隻貓熱烈迎接。這個家是他們自己一點一滴蓋起來的，以土磚、紅磚、瓦片、鐵皮、塑膠布等不同年代的素材疊加在一起，小小的房子裡頭像個迷宮。兒子、兒媳婦、女兒、小孫女也都住在一起。

我們到家的時候，媽媽才剛準備好早餐。正在念大四的女兒賴床到最後一刻，在餐桌上抓了一塊麵包就要出門，媽媽正要開口念她，她立刻上前給媽媽一個大大的擁抱。媽媽的眉心瞬間舒展開，女兒就蹦蹦跳跳地出門了。我心裡莞爾，覺得這一家人真是可愛。

爸爸也抓了一塊麵包，配著盤裡金黃色的玉米糊大口吃下，對我說：「孩子都長大啦！現在我跟媽媽都一個星期待在家裡，一個星期去『出任務』……如果你們想，也可以跟我們兩老一起去。」

車子停在山間一處空地，前方是一片茂密的森林。越野卡車到此也再無用武之處，雙腳依然是人類最值得信任的夥伴。我們從貨斗卸下一個星期份的食糧、鐵皮、鏈鋸、汽油等，負重穿過一片蔭蔽的松木與尤加利樹林，林下的長草沾滿露水，地上冒出朵朵雨菇。來到山的另一側，視野突然打開，原來我們剛剛是從山的後背爬上來，現在就站在山的肩膀上；山張開雙臂擁抱著下方寬闊的谷地，谷地裡散落著村落與人家。

爸爸說：「歡迎光臨！」這就是他出生、長大的地方。

他年輕時離開這座山，到外地工作賺錢，踩過裁縫車，也拆過收音機。在他最後一個叔叔過世之後，山上用草木土石搭起的祖厝也回歸大地，這座山就這樣空了幾十年。他一直懷抱著回到山上重建祖居家園的想法，但為了兒女的學費，他仍得繼續在外頭工作；現在小女兒也即將大學畢業，他已無後顧之憂。

我們繼續負重前行，遠遠看見一棟已經傾斜的房子，撐著「枴杖」（幾根斜撐的粗木）努力站在山稜上。那是爸爸幾年前抽空回來蓋的工寮，無人常居的情況下耐不住經年的溼氣，現在的首要之務，是再蓋一棟新的屋子。我們將行囊都安頓好，媽媽快速地在爐灶裡燃起火準備食物，祭過五臟廟後，爸爸已經等不及開工。

土房子還是最溫暖的，尤其是在這高海拔的山上，但考量到時間與人力，爸爸的策略是先用木構、木板，讓屋子的骨骼跟皮膚長出來，再用土磚慢慢地長房子的肉。為此他特別買了一台鏈鋸。

蓋上一棟房子的時候，他跟媽媽兩個人只有砍刀可用，花了將近一個月的時間；這次有了鏈鋸，爸爸估計我們一個星期就可以初步完工。爸爸很寶貝他的鏈鋸，每天下工一定會保養擦拭，最後再用紙箱跟塑膠袋包起來，跟它說：「辛苦你啦，我的小女兒。」

我很快發現爸爸媽媽都像話劇演員，語調像唱歌，表情豐富，情感渾然天成，而且，習慣跟所有東西說話。對著我們鋸下、搬運回來的十幾根尤加利原木，爸爸會說：「現在需要一根主柱，你們有誰自願？」每天下午起風的時候，媽媽會說：「風先生，你輕一點，屋頂才剛鋪好又要被你吹走了！」

我總覺得意念是一種能量，而我發現話語更是這股能量的精煉、強化形式。看著爸爸媽媽總是能夠自然地跟萬物說話，與其說是擬人，更像是看清了人與萬物之間同源本質的深層信念。跟爸爸媽媽一起在山中生活，這座山像是活起來一樣，森林裡的一花一草都是調皮可愛的鄰居小孩，雲霧風雨是愛串門子的遠房親戚。一切皆親緣。

此處恰好是安地斯較為低矮輕薄的一段，易受左右太平洋與亞馬遜的水氣影響，山的心情陰晴不定。原本無瑕的藍天突然之間烏雲密布，響了幾聲雷後，斗大的雨珠開始滴滴答答落下。我們每個人忙著收拾在外的工具、晾晒的衣服，爸爸大聲呼喊：「山老爹啊，你等我們一下！」媽媽則趁機拿了水桶放在屋簷下集水，然後就消失在門外，過了老久才頭上裹著毛巾回來，看來是用老天牌蓮蓬頭淋浴去了。

我知道在鄉下，女生通常當男生用——男生當畜牲用——不過媽媽真是百年一見的練武奇才，一個女生可以當兩個男生用！面對一棵高大的松木，爸爸還在思考如何架梯子、提鏈鋸上去修枝，媽媽已經輕巧地爬上樹頂，拿手鋸鋸起來了。

做工勤腳之外，媽媽也把三餐打理得多采多姿。每天早上坐在爐灶旁，她總是一邊起火，一邊自言自語：「好的，讓我想想你們還有什麼沒吃過……」好像非要我們把她的拿手菜都吃過一輪不可。她帶著我們在森林裡尋寶，採集野花野草加菜。在山的另一邊有一片田埔，裡頭有多年前種下，已經野化、在雜草密林中隱姓埋名的山番木瓜和魚翅瓜（可說是安地斯版本的木瓜和冬瓜），媽媽帶我們在裡頭翻找，說：「你們一定要嚐嚐看，我們小時候都是吃這些長大的！」

/

一天，爸爸從屋子裡翻出一只破舊的袋子，裡頭還鼓鼓的。「天啊，你們看我找到了什麼！是十年前我們在這裡種下、採收的麥子，竟然還好好的！」

媽媽歡欣鼓舞地將麥子放到燒熱的紅土鍋上，翻炒一陣後，香氣瞬間占據整個屋子。只要再拿到石磨上磨成粉粒，即可用來煮粥或濃湯。「不過我們小時候都是趁大人不注意，直接當零食偷吃！」才說著，原本在外頭工作的爸爸好像是被香味勾來的，突然出現在石磨旁，抓了一把就塞進嘴裡。

晚餐我們就吃熱呼呼的麥子濃湯，配上媽媽採集來的松林雨菇。我突然想到，十年前啊，恰好是那趟長途旅行與瑜伽課的時候。沒想到當時這些麥子就在這片土地上生長了，這些年來一直躲在這棟半傾倒的房子裡頭，等待著我的到來。現在我嘴裡咀嚼的香氣，正是十年前的陽光啊！

十年之後的緣分，是否此時此刻也在世界的某個角落悄悄埋下了？

下山那天是個晴朗的早晨，雲海在山下徘徊，山上的家像個明亮的天空之城。一星期的工作，新家已經長了一半，我們坐在半邊的圍牆裡吃早餐，一杯濃郁的黑咖啡下肚，醒腦又醒胃。我到外頭去蹲茅坑，順便跟這座山道別，才發現就在我整理的柴堆旁，爸爸不知道什麼時候已開闢了一片小田埔。

「我把那些麥子挑了一些種下去了，下星期回來看看，希望能順利發芽！」

麥子真能穿越十年時光，再次在這個世間綻放生命嗎？不過我們能停留在南美洲的時間所剩不多，不大可能等到麥穗結實。不知道爸爸是不是看穿了我的心思，說：

「我知道像你們這樣旅行的人，一定會不斷移動……不過如果你們回來，或者你的朋友來，只要說一聲，我們永遠歡迎。」

叢林之夢

被張牙舞爪的叢林巨獸包圍的一棟高腳屋裡，空氣中瀰漫著腐植質的霉味。我們待在火光乾爽的結界之中，一名裸著上身、臉上畫著紅色圖騰、一雙眼珠子圓滾滾亮晶晶的長髮男子坐在我面前。他拿出一根超濃縮的菸葉棒，用刀子削下一些碎屑，放入葫蘆碗中，加入清水搓揉，那水瞬間變為深棕色。他將那液體從鼻腔滴入，身體開始微微顫抖，雙眼緊閉，好像看見了什麼，直到表情再度平和下來。

他示意我到他身邊，也為我注入菸液。突然間，世界像洗衣機啟動般旋轉了起來，我的身體支撐不住，瞬間暈了過去。

當我再度睜開眼，四下一片漆黑，過了一陣子才確認自己是躺在帳篷裡，頭還隱隱作痛。我試著回想，到底發生了什麼事。

我們依循友人的指引，告別在山上重建家園的一家人後，再度往雨林出發。一個年紀約莫與我們相當的年輕媽媽把我們帶到村子，不過我們並沒有停下來，繼續往叢林深入，兩旁的植物愈來愈肆無忌憚，好像要把我們吞沒。

突然間，一棟高聳的竹製高腳屋佇立在叢林之間，跟我們過去見過的雨林高腳屋相比，眼前的這棟應該是巨人的高腳屋。

「這裡是我女兒的耕地。」媽媽的聲音輕輕軟軟的，像個小女孩。突然，她話鋒一轉，說：「她在今年四月死了。」

在他們的部落，每個孩子出世時就會分配到自己的土地，爸媽會帶孩子一起在他的耕地上耕作。他們常常帶女兒來這裡，種一些日常使用的藥用植物、木薯跟大蕉，這些年也引進了一種作物，叫「中國馬鈴薯」。我一看，原來是芋頭。

女兒生前很喜歡待在這裡。但今年初，她生了一場重病，媽媽說不清楚，但我猜想跟當時的新冠疫情有關。女兒死後，爸媽非常傷心，後來決定在這片女兒的耕地建立一個基地，「這樣我們就可以常常來這裡陪她……」說著說著，我才發現媽媽已經哭皺了臉，我跟小魚輕輕搭著媽媽的肩。

「這個地方叫『呼哩呼哩』，是森林精靈的名字。」媽媽整理了一下自己，繼續跟我們說，接著為我們用胭脂果實畫臉，這樣精靈就會認得我們，不會對我們惡作劇。

爸爸回來了，要我們到火堆一起喝樹薯酒。他說他希望這個新建的基地，不僅是他們一家人的家，也是一所學校；他的孩子或任何有心學習的人，都可以在這裡學習學校裡沒有教的傳統事務。

他說了一段他名字由來的故事。他的媽媽在懷他時被毒蛇咬傷，當時交通還不如今日方便，他的爸爸背著媽媽走出雨林，再搭車到最近的醫院，沒想到醫生竟說，媽媽跟孩子只能保住一個。他的爸爸不願做出選擇，決定把媽媽帶回去，用傳統方式醫治。他的爸爸本身就是一名巫醫，親自做夢、採藥草讓媽媽服用，媽媽漸漸就好起來了。不過這時他們卻發現，肚子裡的孩子已沒了心跳，看來醫生的話一語成讖，孩子胎死腹中。幾天之後，媽媽肚子突然劇痛起來，好像有什麼呼之欲出，沒想到就生下了他——健康康、活跳跳的。他的爸爸說孩子原本已經夭折，是蛇的靈重新注入了胎兒，才讓他活過來，就以這毒蛇為他命名。

「我自己就是受惠於這些傳統知識。但我也是交替的一代，我看到部落這些年經歷非常大的轉變，現在的小朋友都要到學校上課，沒辦法學習這些草藥，也不會做夢了。」

爸爸說他從小就被教導如何做夢，每天早上一定會在還未完全清醒時起床，所有人聚集在火邊。他的阿公會煮草藥茶給他們喝，他們就各自講述自己的夢，阿公會依據夢境來擬定每個人一天的工作。

在他們的概念裡，每個人都同時活在兩個世界，一個是「現在」這個世界，另一個是夢的世界，這兩個世界是相互映照、相互指引的。現在的學校不會教這些，他希望他的孩子能在這裡學到。

「我們會用不同的植物來幫自己做夢，植物一定會在夢中跟我們說話，給我們指引。像興建這個基地的想法，也是我的夢告訴我的。你要不要試試看？」

然後爸爸就拿出了他的菸棒，為我灌下鼻菸……接下來的事，是小魚跟我說的：我像動物一樣，用爬的爬上巨人般的階樓，然後倒在帳篷裡不醒人事，偶爾發出呻吟，一直昏睡到了現在。

天啊，我到底做了什麼夢？我一點都想不起來。

這幾年跟著布農族人入山，我發現老一輩族人的行事準則跟我所熟悉的很不一樣，常常顛覆我的邏輯。有一次，在一個傳統山林經驗非常豐富的長輩家作客，我問他既然那麼熟悉山林，為何不跟著一起回舊部落？內斂的他避而不答，幾杯酒下肚後才說：「我在等一個好夢。」

後來我漸漸理解，傳統一點的布農族人對於生命中的大事，舉凡搬遷、造屋、狩獵，都會依據夢來行事。對生長在當代社會的我來說，過去習慣的行事準則是利弊得失的考量、理性思考後的全盤規劃，剛到部落時經歷了一段文化衝擊。而他們所說的「夢」也不完全是中文的「夢」，還包含觀察周遭事物的發生時心裡產生的感受，或許可稱之為「靈覺」。

這些生活在大自然中的原初之人，對萬物間科學尚不可知的力量之交互作用非常敏感，或許是透過夢，或許是透過第六感。只是現在的社會過度餵養理性，漸漸喪失這種靈覺的靈敏度了。

我回想自己小時候也很常做夢，甚至很常有預知夢的經驗，就是你會在某個瞬間突然意識到，當下正經歷的事早就曾經出現在你的夢境之中。說起來，其實我現在會出現在這座雨林裡，也是十年前的夢境指引。那個夢如此清晰，且反覆出現，最終引領我踏上這趟安地斯、亞馬遜的旅程。

然而不知為何，我後來愈來愈少做夢；即使做了夢，也常在起床的那一刻就忘了。或許就像爸爸說的，他的做夢能力是在童年的日常中養成，但在我成長的過程中，夢並不被重視，久而久之，這個靈覺天線也就鈍了。

/

每個週末，一家人都會一起住在呼哩呼哩。四個孩子最大的才國中，但已長得英俊挺拔，能照顧弟妹，也能跟爸爸一起做粗活。

我發現媽媽是個相當沉靜的人，很常靜靜做著手工藝。她會採集各種顏色的種子串成項鍊，也會採集一種棕櫚葉，把纖維處理後，拈成細繩，再編成網袋。媽媽還會到林子裡採集一種果實，拿來洗頭髮色會又黑又亮。最愛美的果然是青少年，哥哥每天都洗，然後用毛巾緊緊把頭包住一整天，希望能留住色澤。

巨人的高腳竹屋工程還在持續進行中。爸爸騎著野狼，載來了一桶汽油，加進發電機裡，隆隆的引擎聲瞬間占據整座雨林。爸爸拿出他的線鋸機、切割機、電鑽跟電動起子，開始做起竹窗、竹門、竹牆，我跟兒子們一起在旁當爸爸的助手。那陣子厄瓜多流行蓋竹建築，據說是從哥倫比亞傳來的，在海岸地區蓋起了一棟棟的熱帶風情竹屋渡假村。爸爸搭上這股熱潮，到外頭工作賺錢，也學到技術，買了電動工具帶回部落。

看著爸爸穿上工作服與牛仔褲，熟悉地操作這些電動工具，像個帥氣的工地大叔，跟那個為我解夢、注鼻菸、認識森林藥靈的印第安男子判若兩人。但或許這之間並沒有衝突。如果夢跟現實是互相映照的世界，傳統跟現代也可以參照並存，二元之間終究要從對立走向涵容。

夜裡下起滂沱大雨，我們守在火堆旁，孩子們已經先回到村子裡，準備隔天上學，剩下爸媽陪著我們。

爸爸拿出一根細長的深色木頭交到我手裡，我接過才驚覺那木頭相當沉。爸爸說這是一種棕櫚植物木質化的莖，因為非常硬實，他們稱為「叢林之鐵」。爸爸拿出砍刀，開始沉浸在與木頭的對話之中，將那根細長的叢林之鐵削切成一支茅。接著他拿出之前在叢林中採集來的某種葉子，放在火邊稍熱一下，用手搓揉，擠出汁液抹在茅上。那茅瞬間變得更加黑亮。

「這個茅是我們過去狩獵、戰爭一定會帶在身上的武器。」

「現在我們已經不戰爭了，但對我們來說，這是力量的象徵，守護我們的家人、土地跟部落。現在我們上街頭跟政府抗爭還是會帶著茅。」

「這個送給你，我的兄弟，讓你帶回去守護你的部落。」

心口湖

長長的旅程終究要來到結尾，我們決定去搭飛機前，給自己一段時間的留白。我們又回到安地斯山上，在群山圍繞的一座湖畔，搭起了那個伴隨我們八個多月，上高山、下雨林的雙人小帳篷，就這樣休息個幾天，什麼也不做。

在野外生活，人的生理與心理會跟自然對頻，清晨的第一聲鳥喚傳來時，我的身體就逐漸甦醒。我出了帳篷，此時外頭的溫度仍相當冰寒。天還暗暗的，我走向湖畔，坐在湖邊的大石上。湖面黑黑靜靜的，像深沉的黑洞直通未知。一陣寒風吹來，我把裹在身上的黑色羽絨外套拉鍊拉到最頂。

那是一個墨西哥青年在靈境追尋時送給我的。

他是個高大挺拔、年輕氣盛的男子，有幾次都差點與人釀起衝突。在儀式開始前的準備期間，發生了一起工安事件，一名夥伴不小心在我還在山坡下時，將一根粗壯原木推下，我被打中，當場倒在地上。我躺著讓劇痛稍微消退之後，慢慢站起來，跟身邊的夥伴說沒問題，我先去休息一下就可以了。那時墨西哥青年在我身後目睹了一切。

儀式結束後，他激動地痛哭流涕，語無倫次，我一開始並不懂他在說什麼，後來他跑來將我一把抱住。我慢慢理解到他想表達的：他在成長過程中總是被灌輸要強過他人的觀念，養成他好鬥易怒的性格，那是他第一次意識到，溫遜也是一種力量。最後，他竟脫下他的外套送我。

還有好多好多的發生，好多的人事物開始在腦中流轉。忘記是哪一次，我們從雨林村落離開，我沒來由地跟小魚說：「又演完一集了，這集到底在演什麼？」現在回過頭來看，這段旅程確實像是一集一集的戲劇。每一集都在一個地方，跟一戶人家，有一段獨立發展的故事，有些可能平淡樸實，有些則曲折離奇，糾結人心。我們完全無法預料劇情，而很多事情的意義也總是隔了一段時間後，才真正懂得。然後發現一切都有脈絡相連，有個名為生命的編劇好手正在操刀，我們沒看過劇本就被迫演出，但也甘之如飴。

這時，我突然想到：靈境追尋之後的最後兩集，都跟家園的建造有關？

確實如此。在這趟旅程的前段，我們總被充滿善意的家庭接納，跟著他們一起在田裡工作、一起生活。而在靈境追尋得到了關於「建立家」的提示後，我們接下來遇到的兩個家庭，竟就巧合地都在建立新的家園。幫我們引介的友人並不知道我的靈境，更何況他認識這兩家人是多年前的事，當時他們都還未有新建家園的計畫。

想到這裡，我的內心有一股強烈的悸動，因為那好像證明了，在靈境追尋中我所接收到的一切，都是與現實相連的。

我突然感受到，這個世界是一個活生生的生命，有血有淚、有情有靈。他聽得見，也以他的方式在對我說話。或許我透過夢境去接收訊息的能力已經鈍了，但他並沒有放棄我，仍然透過發生在我周遭的現實來給我提示。只要我用心覺察，就可以找到。

這不正是「Pachamama」嗎？

安地斯民族所稱的「pacha」，指的是我們所處的這個世界、這片土地、這個宇宙時空。

而他們認為這個世界是一個慈母，所以稱她為「Pachamama」。不論我是處在高山、荒原、森林，或島嶼，那都是土地的不同化身，她就是我腳下的這個星球，這個哺育、看照所有生命的地球。我活在她之中，她也在我之中。只要我隨時靜下心來，回到當下，就可以感受到她的存在，時時刻刻陪伴在我左右。

此時天光漸亮，一道光線從遠邊巍峨的大山射出，倒映在平靜清澈的湖面上，無邊無際的感恩及喜悅湧上心頭，我聽見她在說：「你聽見我了嗎？歡迎回家，孩子。」

我會永遠記得這一刻，這個對我露出慈藹笑顏的大地媽媽。

她的名字，叫安地斯．亞馬遜。

後記——

Utama 我們的家

◎李紹瑜（小魚）

自南美行返台，又過了兩年多，許多相遇的人、異地風光仍能像精彩的投影片，一幕幕放映在我腦海裡。回想整段旅程，對比回到台東鄉間的生活，都是浸淫在大自然的環境裡，差別只是在於不同的族群、文化跟語言。在野地紮營或借宿當地人家，很常生火煮飯、蒐集木頭，彷彿隨處都可以是家；在傳統市場採買蔬果雜糧，或是在雨林跳進河裡，皆如同我們在台東的生活日常。

老實說，無論出發前後，我都有著些許不明所以的狀態。一方面享受踏上未知的旅途，只管活在當下，好好地去玩、去發現；另一方面則擔憂，我無法決策前進的方向，整趟極為自由的旅程，似乎有些超出我的大腦。雖明白無需縝密規劃，但有時卻開始糊塗到底是為何旅遊，莫名焦躁。我們不去著名景點，也不太吃大餐，前進一個又一個不知名的小村子，而玻利維亞及一些雨林地區的住宿通常簡陋甚至不整潔，加上交通不便，必須徒步或搭長途車，我實在有些受不了。短時間的體驗還行，但時間一拉長，並非失去興致，只是也對於這樣的旅行失去一些信心。

我們到底朝向何處？

Lipo 的想法非常明確，並不嚮往知名景點或主動享受高級飯店，卻也不像一般背包客的玩法。他總能依循自己的直覺，看著地圖，隨機挑個小村子、一座高山湖泊，或是在當地打聽到某座聖山，一只藤籃裝著露宿裝備、糧食以及生火用具等就出發。第一站玻利維亞，我只有小小猶疑了一下，便跳過天空之鏡；但第二站來到秘魯的馬丘比丘，畢竟是世界文化遺產，我終於提出渴望。儘管當時已經旅行四個月，漸漸領悟箇中奧祕——隨機、不刻意安排而產生美麗的奇遇，像是參與一場薩滿爺爺的祈福儀式，或是和一家人一同生活的珍貴——我仍舊希望能親眼去看看遺跡。Lipo 也欣然接受，加碼彩虹山，成為我們整趟唯二刻意安排的遊程。

◆◆

記得旅行剛開始第二個月，玻利維亞簽證到期，為了延簽一波三折，在高原上的某城市，每日清晨就在寒冷中趕路去辦公室，連續整整幾天配合、等待，簽證就是發不下來。疲憊、沮喪的心情，這才順帶翻攪出我心底原本的不安和不愉快，不吐不快。兩人狀態糟到坐在旅館房間地上痛哭，我哭就算了，Lipo 也難過哽咽問道：「你怎麼這麼不快樂？你不喜歡我們的旅行嗎？」我也感到矛盾和困惑，簡樸隨興的旅行方式帶來純粹的快樂，卻也同時感到不安。

在我心底，他總能像個修行人般心平氣和，沒有太多情緒起伏，也不追求功成名就，只單純一心一意接近土地，赤腳在山上、沐浴在溪流，彷彿融入大自然中自在。我們在台東的家屋也似人，簡單樸實、山林環抱，老舊的鐵皮和木屋，竹牆、地爐和菜園。Lipo 看似孤僻卻也喜歡親近質樸的人們，他的搭訕對象大都是爺爺奶奶，總能從長輩身上學到些傳統生活的智慧。我則擅長親近孩子，一同玩樂、聊天或耍寶。想當初，有一點也令我感到小意外，和 Lipo 初識不久，彼此有好感，而後也如一般情侶交往、自然同居，只是我從沒想過，他竟會先提出結婚，本來還偏見地想如此世俗的事只有我在乎。就這麼舉辦簡單的家宴，婚後兩個月，我們踏上這趟蜜月快變蜜年的大冒險。

說到底，我是很喜歡這樣的旅行，像生活般融入、自然。如此順著流走，也不時帶給我們驚喜或驚嚇。心想，也許人生就是如此吧，追求快樂，同時也得學會和痛苦相處。去過雨林的旅人都知道，難免會有惱人的蚊子或螞蟻大軍，癢起來或痛起來還真是讓人怕到不行，但身在其中也才能一探雨林豐盛的生態，七彩的鳥語花香，各種新奇美味的鮮豔水果等等，族繁不及備載。

◆◆

回台灣後，我倆或是身邊一些朋友都會問到，何時再踏上南美大陸？想念那便宜美味的可可磚和乳酪、傳統花俏多樣的 Aymara 或 Quechua 服裝與花布，以及鄉野村落的親切人家還有放牧羊群。也想起靈境追尋的一家人，大家長墨西哥爺爺、阿根廷和巴西的年輕薩滿，以及來自世界各地的朋友等，說好的四年之約，是否能再續？相逢即是有緣，也許一期一會，也許有朝一日。

記得在這趟旅行前，我們看了一部玻利維亞電影《Utama》，中文片名翻作《高原上的家屋》。後來，我們像是走入電影般，在高原上的村子和爺爺奶奶相遇，並住進他們家一起生活：在荒漠上種植馬鈴薯，早晚趕羊駝吃草。某天趕羊駝時，Lipo 突然想起那部電影，問爺爺：

「家屋的 Aymara 語怎麼說？」

「Uta。」

「那 Utama 是什麼意思？」

「我的家。」

對我們來說，人生目前的階段也來到新的里程碑：關於「家」的圖像更加地清晰。透過這趟旅程，不僅是重新檢視彼此之間的關係，也思索著自身與人們、與土地的關係。希望能以自然建築為主的方式，親手蓋出家屋，也期許用心營造一片自然家園，從家庭菜園延伸至森林野地，好好照顧土地，也被土地好好照顧。當人們來到家園，我們能一同在自然中學習更多。

近來，我們比以往更投入耕種，辛勤地除草、育苗和堆肥，渴望更多土地長出來作物，也比以往種下更多樹苗。開始在家舉辦「每月山林日」，邀請附近志同道合的友人們共學自然之道。在土地上扎根愈深，愈能感受到飽滿踏實的力量——那是來自於大地的滋養。在南美，人們尊稱土地為「Pachamama」，大地母親。一直以來，承蒙您的照顧了。

謝謝您，生養育我的爸爸媽媽。

謝謝您，寶島台灣。

Uninang tama dihanin.*

Gracias**, Pachamama.

謝謝您，安地斯．亞馬遜。

小魚（在南美時叫 Irene），2025/5/4

* Uninang tama dihanin，意思為感謝天父。目前我們居於布農族的部落裡，因此也以布農語對這片土地致上深深感謝。

** Gracias，西班牙語的謝謝。

出發南美前一年，也是一起在台東部落生活的第二年，全家在家門前合影。（攝影：光容）

自南美返台隔年，狗狗生日當天的全家福自拍。理博踏上南美洲後便不曾剪髮，變成長髮男子了。

國家圖書館預行編目資料

她的名字叫安地斯・亞馬遜/楊理博著. -- 初版. --
臺北市：寶瓶文化事業股份有限公司, 2025.05
面； 公分. -- (Vision ; 275)
ISBN 978-986-406-478-6(平裝)

1.CST: 旅遊文學 2.CST: 南美洲

756.9 114005914

Vision 275

她的名字叫安地斯・亞馬遜

作者／楊理博

發行人／張寶琴
社長兼總編輯／朱亞君
副總編輯／張純玲
主編／丁慧瑋
編輯／林婕伃・李祉萱
美術主編／林慧雯
校對／林婕伃・丁慧瑋・劉素芬・楊理博
營銷部主任／林歆婕　業務專員／林裕翔
財務／莊玉萍
出版者／寶瓶文化事業股份有限公司
地址／台北市110信義區基隆路一段180號8樓
電話／(02)27494988　傳真／(02)27495072
郵政劃撥／19446403　寶瓶文化事業股份有限公司
印刷廠／世和印製企業有限公司
總經銷／大和書報圖書股份有限公司　電話／(02)89902588
地址／新北市新莊區五工五路2號　傳真／(02)22997900
E-mail／aquarius@udngroup.com

著作完成日期／二〇二五年
初版一刷[2]日期／二〇二五年五月二十六日
ISBN／978-986-406-478-6
定價／四〇〇元

寶瓶文化・愛書人卡

感謝您熱心的為我們填寫，對您的意見，我們會認真的加以參考，
希望寶瓶文化推出的每一本書，都能得到您的肯定與永遠的支持。

系列：Vision 275　書名：她的名字叫安地斯・亞馬遜

1. 姓名：＿＿＿＿＿＿＿＿＿＿　性別：□男　□女

2. 生日：＿＿年＿＿月＿＿日

3. 教育程度：□大學以上　□大學　□專科　□高中、高職　□高中職以下

4. 職業：＿＿＿＿＿＿

5. 聯絡地址：＿＿＿＿＿＿＿＿＿＿＿＿＿＿＿＿＿＿＿＿

聯絡電話：＿＿＿＿＿＿＿＿＿＿＿＿

6. E-mail信箱：＿＿＿＿＿＿＿＿＿＿＿＿

□同意　□不同意　免費獲得寶瓶文化叢書訊息

7. 購買日期：＿＿ 年 ＿＿ 月 ＿＿日

8. 您得知本書的管道：□報紙／雜誌　□電視／電台　□親友介紹　□逛書店

□網路　□傳單／海報　□廣告　□瓶中書電子報　□其他

9. 您在哪裡買到本書：□書店，店名＿＿＿＿＿＿＿＿＿＿　□劃撥

□現場活動　□贈書

□網路購書，網站名稱：＿＿＿＿＿＿＿　□其他＿＿＿＿＿＿＿

10. 對本書的建議：＿＿＿＿＿＿＿＿＿＿＿＿＿＿＿＿＿＿＿＿

＿＿＿＿＿＿＿＿＿＿＿＿＿＿＿＿＿＿＿＿＿＿＿＿＿＿

＿＿＿＿＿＿＿＿＿＿＿＿＿＿＿＿＿＿＿＿＿＿＿＿＿＿

＿＿＿＿＿＿＿＿＿＿＿＿＿＿＿＿＿＿＿＿＿＿＿＿＿＿

11.希望我們未來出版哪一類的書籍：

（請沿此虛線剪下）

亦可用線上表單。

寶瓶　讓文字與書寫的聲音大鳴大放

寶瓶文化事業股份有限公司

廣 告 回 函
北區郵政管理局登記
證北台字15345號
免貼郵票

寶瓶文化事業股份有限公司 收

110台北市信義區基隆路一段180號8樓
8F,180 KEELUNG RD.,SEC.1,
TAIPEI.(110)TAIWAN R.O.C.

（請沿虛線對折後寄回，或傳真至02-27495072。謝謝）